그림으로 배우는
5G 네트워크

이이모리 에이지, 타하라 미키오, 나카무라 타카하루 저 · 김성훈 역

SE
SHOEISHA

YoungJin.com Y.
영진닷컴

그림으로 배우는
5G 네트워크

図解まるわかり 5Gのしくみ
(Zukai Maruwakari 5G no Shikumi: 6655-1)
© 2020 Eiji Iimori, Mikio Tahara, Takaharu Nakamura
Original Japanese edition published by SHOEISHA Co.,Ltd.
Korean translation rights arranged with SHOEISHA Co.,Ltd.
in care of JAPAN UNI AGENCY, INC. through KOREA COPYRIGHT CENTER.
Korean translation copyright © 2022 by YOUNGJIN.COM.

ISBN 978-89-314-6612-6

독자님의 의견을 받습니다

이 책을 구입한 독자님은 영진닷컴의 가장 중요한 비평가이자 조언가입니다. 저희 책의 장점과 문제점이 무엇인지, 어떤 책이 출판되기를 바라는지, 책을 더욱 알차게 꾸밀 수 있는 아이디어가 있으면 이메일, 또는 우편으로 연락주시기 바랍니다. 의견을 주실 때에는 책 제목 및 독자님의 성함과 연락처(전화번호나 이메일)를 꼭 남겨 주시기 바랍니다. 독자님의 의견에 대해 바로 답변을 드리고, 또 독자님의 의견을 다음 책에 충분히 반영하도록 늘 노력하겠습니다.

주 소 서울시 금천구 가산디지털1로 128 STX-V타워 4층 영진닷컴 기획1팀
등 록 2007. 4. 27. 제16-4189호
이메일 support@youngjin.com

저자 이이모리 에이지, 타하라 미키오, 나카무라 타카하루 | **역자** 김성훈 | **책임** 김태경 | **진행** 최윤정, 현진영
표지 디자인 이주은 | **본문 디자인** 이경숙 | **영업** 박준용, 임용수, 김도현
마케팅 이승희, 김근주, 조민영, 김도연, 채승희, 김민지, 임해나, 이다은
제작 황장협 | **인쇄** 제이엠

저자 머리말

5G(5세대 이동통신 시스템) 상용 서비스가 시작되었습니다.

5G의 등장으로 라이프 스타일이나 비즈니스 모델이 크게 바뀔 것으로 기대됩니다. 하지만, 5G가 어떤 기술에 바탕을 두고 있으며, 지금까지의 통신 시스템과 무엇이 다르고, 우리 생활이나 기존 비즈니스에 어떠한 변화를 가져올지 상상하지 못하는 분도 많습니다.

특히 5G에서는 통신사업자에게 의존하지 않고, 소규모 5G 네트워크를 구축할 수 있는 로컬 5G라는 것이 있습니다. 로컬 5G를 활용함으로써 공장이나 지역의 다양한 서비스를 크게 변화시킬 수 있고 새로운 비즈니스 기회도 창출할 수 있을 것으로 기대됩니다.

이 책에서는 다음과 같은 분을 독자로 상정했습니다.

- ◆ 이동통신의 기본 구조를 알고 싶으신 분
- ◆ 5G의 근간이 되는 새로운 기술에 관심이 있는 분
- ◆ 로컬 5G의 동향을 알고 싶으신 분
- ◆ 5G를 사용한 새로운 비즈니스 사례에 관심이 있으신 분

1장부터 4장까지는 이동통신의 기본 기술을 설명하고, 5장과 6장에서는 최신 5G 스마트폰에 탑재된 새로운 기술을 소개하며, 7장에서는 5G가 비즈니스와 산업, 일상생활에 어떤 변화를 가져오는지 설명하고, 8장에서는 로컬 5G에 관해 설명합니다. 5G 스마트폰에 흥미가 있는 독자는 5장부터 읽기 시작할 수 있도록 구성했습니다.

이 책에서는 5G를 지탱하는 기술을 엔지니어뿐만 아니라 기업가나 기획, 영업 담당 등 사업가나 새로운 최신 기술에 흥미가 있는 학생도 이해할 수 있도록 친절하게 설명했습니다.

많은 분이 5G 기술에 관해 이해하고, 5G를 활용해 더 풍요로운 사회를 구축해 나가는 데 이 책이 도움이 되면 좋겠습니다.

차례

Ch 7 | 5G가 가져올 변화
초고속, 고신뢰, 초저지연, 다수 동시 접속을 활용한 새로운 비즈니스 사례   149

5G가 뭐지?

이동통신 기술의 발전과 5G의 위치, 그 역할

≫ 우리에게 다가온 5G

음성 통화 전화에서 스마트폰까지

5G 통신 서비스가 시작되었습니다. '여보세요'로 상징되던 음성 통화 서비스로 시작한 휴대전화는 기술이 발전함에 따라 문자와 사진, 동영상까지 전송할 수 있게 되었습니다. 그뿐만 아니라 이제는 손바닥 안에서 전 세계에 넘쳐나는 정보를 찾기도 하고 또 손쉽게 정보를 전 세계로 내보낼 수도 있게 되었습니다. 스마트폰은 사람이 정보를 얻거나 내보내는 도구의 완성형 중 하나라고 해도 과언이 아닐지도 모릅니다[1].

'사물'이 말하기 시작하다

5G 시대에는 지금까지 다운로드에 수십 초나 걸리던 2시간짜리 동영상 파일을 3초 만에 다운로드할 수 있을 정도로 빠른 **초고속 통신**이 가능해졌습니다. 그리고 '사물이 사물과 말하는' 시대가 본격적으로 도래했습니다(그림 1-1). 상황에 맞게 '사물 통신'에 적합한 기술을 적용함으로써, 동시에 다수의 **사물과 통신**하거나 매우 확실하게 혹은 아주 짧은 시간에 사물과 사물, 사물과 사람이 정보를 주고받을 수 있는 기술이 도입되었습니다.

'5G'를 이용하는 올바른 방법

5G의 '초고속 통신'도 '사물과 통신'하는 기술도 우리 한 사람 한 사람의 풍요로운 생활을 위해서 존재합니다. 5G는 매우 편리하고 뛰어난 기술이지만, 그 편리한 기술에 종속되지 않고 기술의 본질을 이해하고 적절하게 '잘 다루는 것'이 중요합니다. 사회 문제 해결에 도움이 되는 보물 같은 기술을 썩히거나 혹은 기술을 오용하여 폐해를 초래하지 않도록, 이 책이 5G를 바르게 잘 사용할 수 있는 실마리를 제공할 수 있으면 좋겠습니다.

---

1 이 책에서는 그림 1-1처럼 다기능 휴대전화와 스마트폰을 합해서 '휴대전화'로 표시합니다.

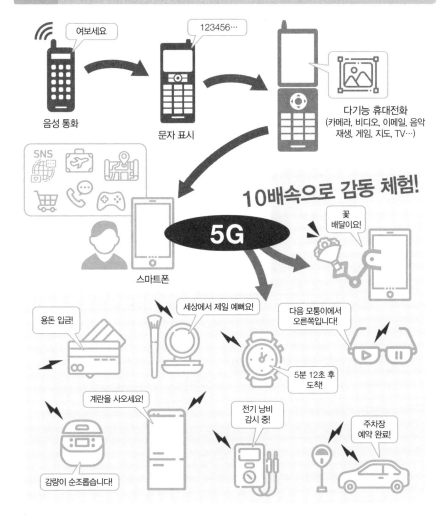

그림 1-1 '휴대전화'의 발전과 다양화

Chapter 1

우리에게 다가온 5G

음성 통화

문자 표시

다기능 휴대전화
(카메라, 비디오, 이메일, 음악 재생, 게임, 지도, TV…)

SNS

10배속으로 감동 체험!

5G

스마트폰

꽃 배달이요!

용돈 입금!

세상에서 제일 예뻐요!

다음 모퉁이에서 오른쪽입니다!

5분 12초 후 도착!

계란을 사오세요!

전기 낭비 감시 중!

주차장 예약 완료!

감량이 순조롭습니다!

Point

✔ 5G는 우리 생활 속에서 단순한 통신 수단을 넘어 점점 더 편리하게 사용되고 있다.

✔ 편리한 5G 기술에 종속되지 않고 적절하게 잘 이용할 필요가 있다.

✔ 5G의 메커니즘과 기술의 본질에 관한 이해를 실마리로 5G를 바르게 이용하자.

» 5G로 무엇을 할 수 있을까?

사물과 사물의 통신

휴대전화는 음성 통화나 SNS 등 사람과 사람을 연결하는 수단으로서 효율적이고 빠른 통신을 제공하여 풍요로운 사회를 만들어 가는 데 이바지합니다. 5G에서는 고도의 경제적인 통신 기술이 더해져 **사물과 사물을 연결하는 통신**에 활용할 수 있는 시스템이 마련되었습니다. 5G는 수많은 기계와 센서를 경제적인 통신 수단으로 연결하여, 안심할 수 있는 안전하고 쾌적한 환경을 만드는 데 필요한 신뢰성 높은 통신 수단을 제공합니다. 공장에서 생산 활동에 이용하거나 사회기반시설을 감시하기도 하고 공공 분야에서 이용하는 등 상황에 맞춰 시스템의 통신 기능을 전환하거나 통신 능력을 증설하는 기술이 마련되어 있습니다.

따라서, 단순한 통신 수단의 테두리를 벗어나 디지털 데이터를 유통하고 처리하는 눈에 보이지 않는 데이터 공간과 우리가 살아가는 실제 사회를 안전하고 확실하고 효율적으로 이어주는 매우 중요한 역할을 5G에 기대할 수 있습니다(그림 1-2).

모두가 함께 사용하는 고도의 통신 기술

우리가 매일 사용하는 스마트폰은 첨단 기술을 구사해 아주 많은 정보를 짧은 시간에 처리할 수 있는 손바닥만 한 크기의 초고성능 단말기입니다. 또 스마트폰끼리 연결해 주는 통신 사업자의 통신망도 매우 복잡한 고도의 통신 기술과 운용 시스템의 결정체입니다.

단말기와 통신 장비의 개발·제조, 설치, 유지, 관리에는 방대한 시간, 비용 및 첨단 기술이 필요합니다. 그림 1-3에서 알 수 있듯이 전 세계 80억 명이나 되는 많은 사람이 비용을 분담하기에, 한 사람 한 사람은 매우 **우수한 공통 통신 기술**을 합리적인 가격에 이용할 수 있습니다.

새로운 분야에 최신 5G 기술을 적용할 때도 이렇게 세계 공통으로 사용되는 기술을 적용해 가는 것이 핵심입니다. 최신 5G 기술을 세계 시장과 널리 공용하면서 우리 생활과 사회에 알맞은 방법으로 이용하는 것이 매우 중요해집니다.

그림 1-2 5G의 역할

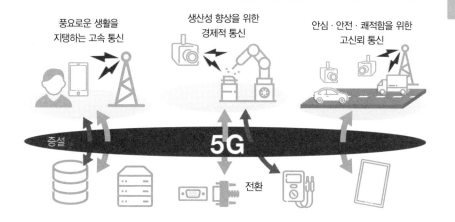

풍요로운 생활을
지탱하는 고속 통신

생산성 향상을 위한
경제적 통신

안심·안전·쾌적함을 위한
고신뢰 통신

증설

5G

전환

그림 1-3 휴대전화 계약수 (전세계)

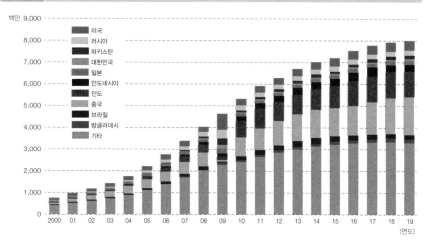

백만 9,000

8,000

7,000

6,000

5,000

4,000

3,000

2,000

1,000

0

미국
러시아
파키스탄
대한민국
일본
인도네시아
인도
중국
브라질
방글라데시
기타

2000 01 02 03 04 05 06 07 08 09 10 11 12 13 14 15 16 17 18 19

(연도)

출처: ITU-R 통계자료 ([URL]:https://www.itu.int/en/ITU-D/Statistics/Pages/stat/default.aspx)

Point

✔ 5G는 스마트폰을 이용한 '고속 통신'에 더해, '많은 기계를 연결하는 통신', '높은
신뢰성으로 단시간에 응답할 수 있는 통신'을 제공한다.

✔ 5G 통신 기술의 핵심 부분은 공통이다. 이용 상황에 맞게 전환하거나 증설할 수
있다.

✔ 세계 공통인 고도의 통신 기술을 비용을 분담해서 이용하는 것이 핵심이다.

≫ 지금의 스마트폰으로는 안 되는 걸까?

빠른 것은 좋은 것

아주 오래전에 '큰 게 좋지!'라는 인상적인 과자 광고 문구가 있었습니다(1967년 모리나가 제과의 YELL 초콜릿 광고 문구). 이 광고 문구를 휴대전화의 **전송 속도** 슬로건으로 고치면, 결국 '빠른 게 좋지!'라고 할 수 있겠지요.

그림 1-4는 다양한 크기의 파일 다운로드에 걸리는 시간을 나타냅니다. 2G, 3G, 4G, 5G는 각각 2세대에서 5세대 휴대전화 시스템의 이론상 최대 전송 속도(하향)에 대응하는 대략적인 범위를 나타냅니다. 그래프의 가로축과 세로축은 눈금마다 전송 속도와 다운로드 시간이 10배씩 증가하는 로그 눈금입니다.

약 2시간짜리 동영상을 다운로드할 경우, 전송 속도가 12.2kbps[2]였던 시대에는 한 달 이상 필요했지만 4G의 수백 Mbps[3]로는 수십 초 ~ 수 분, 5G가 제공하는 20Gbps[4]로는 불과 3초밖에 걸리지 않습니다[5].

이제 스마트폰을 사용할 때 **다운로드 대기 시간**이 몇 초만 넘어가도 답답하다고 느껴지지 않으신가요? 4G 스마트폰은 앞으로도 계속 이용되겠지만, 단 몇 초만에 사용할 수 있는 5G 고속 통신 기술의 편리성이 사람들에게 알려지면서 점차 5G로 전환될 것으로 보입니다.

굵은 전송로가 빠르다

앞에서 '빠른 게 좋은 것'이라고 말했습니다. 물탱크에 담긴 물을 파이프로 배출할 때, 속도를 빠르게 하려면 통로를 굵게 만들 필요가 있습니다(그림 1-5).

다음 절부터는 5G에 이르기까지 전송로를 '굵게' 만들고자 어떤 노력을 해 왔는지 살펴보겠습니다.

2　1초당 12,200자리의 2진수(1과 0으로 나타낸 수)를 전송할 수 있는 속도.
3　1초당 수억 ~ 10억 자리에 가까운 2진수(1과 0으로 나타낸 수)를 전송할 수 있는 속도.
4　1초당 200억 자리의 2진수를 전송할 수 있는 속도.
5　실제 휴대전화 시스템에서는 전송로 조건 등에 따라 실질적인 전송 속도가 줄어들 수 있습니다.

그림1-4 전송 속도 고속화의 혜택

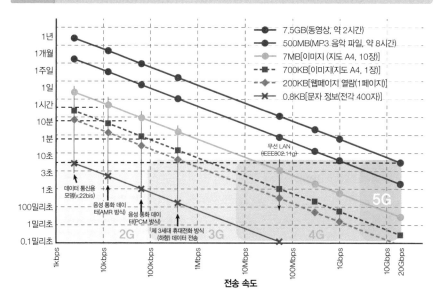

범례:
- ● 7.5GB(동영상, 약 2시간)
- ● 500MB(MP3 음악 파일, 약 8시간)
- ● 7MB[이미지 (지도 A4, 10장)]
- ■ 700KB[이미지(지도 A4, 1장)]
- ◆ 200KB[웹페이지 열람(1페이지)]
- ✕ 0.8KB[문자 정보(전각 400자)]

세로축: 1년 / 1개월 / 1주일 / 1일 / 1시간 / 10분 / 1분 / 10초 / 3초 / 1초 / 100밀리초 / 1밀리초 / 0.1밀리초

가로축(전송 속도): 1kbps / 10kbps / 100kbps / 1Mbps / 10Mbps / 100Mbps / 1Gbps / 10Gbps / 20Gbps

본문 주석: 데이터 통신용 모뎀(v.22bis) / 음성 통화 데이터(AMR 방식) / 음성 통화 데이터(PCM 방식) / 제 3세대 휴대전화 방식 (하향) 데이터 전송 / 무선 LAN (IEEE802.11g)

구간: 2G / 3G / 4G / 5G

전송 속도

그림1-5 '굵은' 쪽이 '빠르다'

'굵은' 쪽이 '빠르다'

Point

✔ 빠른 게 좋다. 다운로드 시간이 수 초 이하가 되면, 그 서비스는 널리 보급되는 경향이 있다.

✔ '약 2시간짜리 동영상' 다운로드가 4G에서는 몇 분이 걸리지만, 5G에서는 불과 3초 만에 끝나 버린다.

✔ 전송로가 굵은 쪽이 빠르다.

» 5G를 향한 발걸음

5세대의 역할

5G라는 이름은 '5세대'를 의미하는 "The fifth Generation"에서 유래합니다. '5세대'이므로 다섯 번째 세대에 해당합니다. 휴대전화는 거의 10년마다 기술적인 세대교체(통신 시스템의 진보)가 있었습니다.

각 세대에서 축적된 **기술의 진보**와 시스템의 발전은 다음 세대로 계승되었고 한층 더 발전했습니다. 각 세대의 특징적인 기술에 대해서는 이 뒤에 몇 가지 예를 들어 설명하겠습니다. 전체적으로는 사회(시장)가 기술을 사용함으로써 새로운 수요(사용법)가 생겼고, 그 수요를 바탕으로 다음 세대로 향하는 기술 발전을 촉진하는 선순환이 만들어졌습니다. 되돌아보면 그때그때 시장의 요구에 대응하는 형태로 기술이 발전했고 휴대전화 시스템은 진화해 왔습니다(그림 1-6).

휴대전화의 발전을 세대로 구분했을 때, 폭발적으로 스마트폰이 보급된 '4세대'에서는 손안에 들어가는 **'이동할 수 있는 인터넷'**[6]이 중심이었다면, '5세대'에서는 이용 가치에 더 중심을 두고 **'다양한 서비스로 언제든지 연결되는 관문'**으로서의 역할을 시장에서 기대한다고 할 수 있습니다.

점진적으로 증가하는 통신량

그림 1-7은 국내 휴대전화 계약자 수의 추이입니다. 휴대전화 세대가 올라가면서 가입자 수도 꾸준히 증가하고 있습니다. 그림 속 파란색과 회색 선은 휴대전화를 포함한 이동통신 시스템 전체에서 주고받는 정보량을 의미하는 '트래픽'을 나타냅니다.

3세대 시스템을 제공하기 시작한 2000년대 초부터 이동통신 시스템의 통신량도 점차 증가하여, 최근 월간 총트래픽은 70PB, 가입자당 월간 통신량은 10GB나 됩니다[7].

---

6 스마트폰이 등장하기 전에는 컴퓨터로 인터넷을 이용하는 방식이 당연했습니다.

7 1GB, 1PB는 'SI 접두어'로 불리는 단위체계로, 각각 10^9바이트, 10^{15}바이트입니다.

그림1-6 **시장의 요구와 이동통신 방식의 진화**

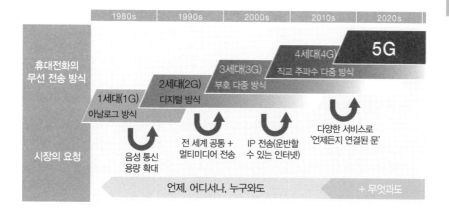

그림1-7 **이동통신 계약자 수, 월간 통산 트래픽, 1가입자당 트래픽 추이**

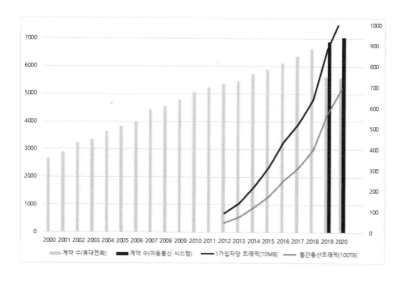

Point

✔ 스마트폰의 인기가 급등한 4세대는 손 안에 휴대할 수 있는 인터넷이 중심이다.

✔ 5세대는 다양한 서비스로 언제든지 연결되는 관문이다.

✔ 휴대전화(이동통신 시스템)는 계약자 수와 통신량이 모두 점진적으로 증가한다.

» 무제한으로 사용하는 스마트폰

끝없는 욕심 //

앞에서 설명한 **통신 트래픽**(통신량)에 관해 좀 더 자세히 살펴봅시다. 그림 1-8은 통신 트래픽에 대한 연도별 추이를 나타낸 그래프입니다. 세로축은 로그 눈금으로 한 눈금에 10배의 통신량 증가를 나타냅니다. 월간 통산 트래픽은 최근 5년 사이에 4배로 증가했습니다. 이는 연이율 33%의 복리(2년 반 만에 두 배로 증가)에 해당하는 터무니없이 큰 증가율입니다[8].

'무제한으로 쓸 수 있는 스마트폰'을 요구하는 통신 수요에 대처하는 것은 휴대전화 시스템에서 매우 중요한 과제이며, 비약적으로 높은 통신 능력을 제공할 수 있는 5G의 도입은 그 해결책 중 하나입니다.

'양'뿐만 아니라 '질'도 변화한다 //

5G를 도입하면 통신량이 급격히 증가하고 **통신 트래픽의 '질'도 크게 변화한다**고 합니다. 그림 1-9에서는 이동통신 트래픽과 함께 고정통신(고정통신 회선을 사용하는 인터넷 이용 등) 트래픽을 나타냈습니다. 기존 고정 트래픽 일부는 간편하게 사용할 수 있는 이동통신으로 전환될 것으로 예상되지만, 5G 시대에는 사람이 사용하던 통신 트래픽에 방대한 양의 사물과 사물, 사물과 사람 사이의 통신(1-1절 참조)이 더해져, 통신 트래픽의 동향이 크게 변화할 것으로 예상됩니다.

구체적으로는 통신 수요가 급증하는 시간대와 장소 분포가 바뀌고, 문자나 음성, 영상처럼 사람에게 전달하는 정보뿐만 아니라 기계가 빠르고 안전하게 동작할 수 있도록 단시간에 높은 신뢰도로 확실하게 전송하는 능력이 중요해지는 등 필요로 하는 통신 품질도 크게 바뀔 것으로 예상됩니다. 5G에는 이런 새로운 트래픽에 대응하기 위한 기능도 준비되어 있습니다.

---

8 고정 회선 트래픽(2020년 5월분까지)은 COVID-19 감염 방지책에 따른 재택근무 증가 등의 영향으로 전년 같은 달 대비 50~60%의 큰 폭으로 증가했습니다. 휴대전화 트래픽(2020년 3월분까지)과 함께 향후 추이가 주목됩니다.

그림1-8 통신 트래픽의 추이

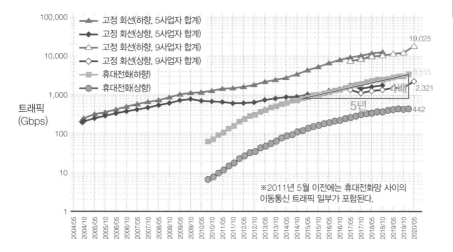

그림1-9 통신 트래픽의 양적 증대와 질적 증대

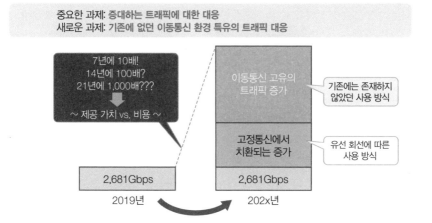

Point

✔ 이동통신 통신량은 엄청나게 증가하고 있다.

✔ 통신의 '양'이 증가하면서, '질'도 변화하고 다양해진다.

✔ 이런 중요한 과제에 대응하려면, 5G의 도입과 활용이 효과적이다.

>> 세련된 아날로그 엘리트 1세대 시스템

언제 어디서나 통화할 수 있는 전화의 시작

5G에서 사용되는 휴대전화의 다양한 기술은 대부분 **1세대**부터 꾸준히 계승 발전해 왔는데, 휴대전화 시스템의 기본은 이 시대에 고안되었습니다. 여기서는 5G의 전체 적인 모습을 전달하고자, 조금 멀리 돌아가서 선대로부터 물려받은 기술적 유산을 차례로 되짚어 보고자 합니다. 첫 번째 방식은 아날로그 변조(전달하고 싶은 전기신 호 파형을 그대로 전송하는 방식)를 사용하므로 아날로그 방식이라고도 합니다. 당 시에는 전자 부품이 크고 무거웠고 대용량 전원이 필요했기에, 자동차에 장비를 설 치해서 이용했습니다. 초기의 휴대전화는 '고급품'이었기 때문에, 특별한 사람이 이 용하는 '세련된 엘리트' 느낌이 강했습니다.

통화를 '바통 터치'한다

'이동하면서 통화하는 기술'은 당시로서는 획기적이었습니다. 전화기는 전화망에 연 결된 가장 가까운 기지국과 전파로 음성 통신을 하고, 전파가 닿지 않는 곳으로 이동 하면(이동할 것 같으면), 통화하고 있는 전화기를 통화하는 사람이 눈치채지 못할 정 도의 짧은 시간에 자동으로 인접 기지국으로 '바통 터치'해 나가는 방식이 채용되었 습니다(그림 1-10). 이처럼 기지국별로 담당하는 면적을 작게 나누어 통신하는 구조 를 생물 세포 구조에 빗대어 **셀룰러 방식**, 바통 터치를 **핸드오버**라고 부릅니다.

통화하지 않더라도 이동하면 '신호'를 보낸다

통화를 시작하기 전에 전화기가 어느 기지국과 통신할 수 있는지 알아야 합니다. 이 때문에 휴대전화기는 통화하지 않을 때도 항상 기지국의 전파를 찾고 있으며, 새로 운 기지국을 발견하면 봉화를 올리는 것처럼 '**신호**'를 보내 자신의 위치를 알려줍니다 (그림 1-11).

그림1-10
'핸드오버' 메커니즘

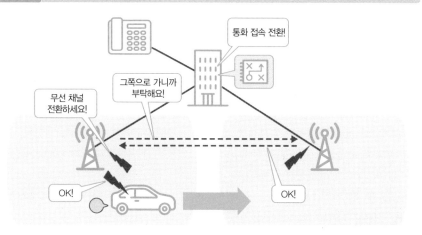

그림1-11 자신의 위치를 알려주는 구조

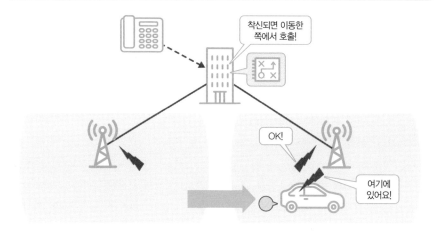

Point

✔ 처음에는 자동차에 설치된 '이동전화'에서 시작했다.

✔ 여러 기지국이 통신하는 영역을 작게 나눠 분담하는 '셀룰러 방식'이다.

✔ 이동하면서 통화하기 위해 통신을 '바통 터치'하고, 신호를 보내 현재 위치를 알려
주는 기술이 사용됐다.

» 날카로운 디지털 기질 2세대 시스템

언제 어디서나 그리고 누구와도 통화한다

이동하면서 통화하는 편리함을 알게 되자, 더욱 편리하고 손쉽게 '이동전화'를 사용하고 싶어 하는 요구가 늘어나기 시작했습니다. 그러한 시대 배경 속에서 더 발전되고 작고 가벼워진 부품으로 디지털 기술을 구사하는 '2세대' 통신 시스템이 등장했습니다.

'디지털'로 통신한다

디지털 기술을 사용한 통신에서 음성이나 이미지 등의 정보를 전송할 경우에는 일단 문자의 집합(부호)으로 치환해서 나타냅니다. '문자'는 어떤 규칙으로 수신하는 쪽과 공유되는 기호의 집합입니다. 일단 '문자'로 변환해 버리고 나면, 다시 새로운 규칙을 적용해 문자 전달 방식을 정밀하게 만들 수 있습니다. 예를 들어, 문자를 빠른 속도로 읽어 단시간에 전송(압축)하고, 듣는 쪽에서 원래 속도로 다시 읽을 수도 있습니다. 빠르게 읽어야 하는 만큼 명료하고 큰 목소리가 필요하지만, 빠르게 읽어서 생기는 '틈새'로 다른 문자를 읽으면 더 많은 문자를 전달할 수 있습니다.

'디지털 터널'로 효율적으로 운반한다

아날로그 전송을 사용하는 1세대 시스템에서는 3개의 정보(자동차)가 벽(전송로)을 통과하려면 3개의 다른 '통신 터널'을 파서 준비할 필요가 있었습니다(그림 1–12)[9].

디지털 전송을 사용하는 2세대에서는 정보를 입구에서 길이 방향으로 압축(읽기)하고, 그 '빈틈'에 다른 정보를 빠르게 읽은 결과를 빈틈없이 나열한 후, 출구에서 압축된 정보를 늘려서(다시 읽어) 복원합니다(그림 1–13)[10]. 개별적으로 터널을 준비할 필요 없이 약간 굵은 '디지털 터널'을 공동으로 이용함으로써 전체적으로 효율적인 전송을 할 수 있습니다.

---

9 '통신 터널'은 실제 통신에서는 주파수 축 상에서 분할된 별도의 통신 채널에 해당합니다. 이러한 다중 방식을 주파수 분할 다중(FDM: Frequency Division Multiplexing)이라고 합니다.

10   10개의 굵은 '통화로 터널'(넓은 주파수 축 상의 통신채널)을 시간으로 분할하여 이용하므로 이 같은 다중방식을 시분할다중(TDM:Time Division Multiplexing)이라고 부릅니다.

그림1-12 각각 좁은 '아날로그 터널'을 통과한다

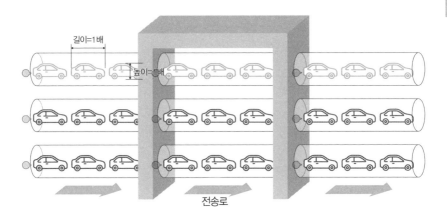

길이=1배

높이=1배

전송로

그림1-13 굵고 넓은 '디지털 터널'을 공유해서 통과한다

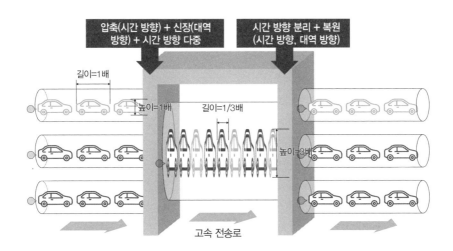

압축(시간 방향) + 신장(대역 방향) + 시간 방향 다중

시간 방향 분리 + 복원 (시간 방향, 대역 방향)

길이=1배

높이=1배

길이=1/3배

높이=3배

고속 전송로

Point

✔ '디지털 기술'을 사용한 통신에서는 음성이나 영상 정보를 일단 문자의 집합(부호)로 표현해서 전송한다.

✔ 2세대 시스템에서는 굵고 넓은 '디지털 전송로(터널)'에 복수의 신호를 압축해서 통과시킴으로써 효율적으로 전송한다.

≫ 글로벌한 멀티미디어 3세대 시스템

좀 더 싸고 편리하게

디지털 기술이 발전하면, '더 싸고 더 편리하게' 효율적으로 더 많은 정보를 전송할수 있게 됩니다. 한편으로 짧은 시간에 빠르게 읽을수록 큰 목소리(굵은 디지털 터널)가 필요합니다. 터널의 '굵기'는 무선 통신에 필요한 무선 주파수의 '넓이(폭)'에 해당합니다. 그래서 유한한 '굵기'의 파이프에 많은 정보를 담아서 전송하려는 노력이계속 이어졌습니다.

지면을 절약하려면?

종이로 정보를 전달할 때, 지면을 절약한다고 글자를 겹쳐서 쓰면 판독이 불가능해져서 정보 자체를 전달할 수가 없습니다(그림 1-14). 하지만, 두 문장을 다른 색(예를 들어 파란색과 회색)으로 겹쳐 인쇄하고, 읽을 때 파란색 또는 회색 반투명 필름을 종이 위에 놓고 보면 필름과 다른 색으로 인쇄된 문장만 잘 보여서 술술 읽을 수있습니다. 종이를 절반만 사용해도 되므로, 책장의 공간(주파수 폭)을 절약할 수 있을 것입니다(그림 1-15). **3세대** 이후 시스템에서는 디지털 기술을 이용해 이처럼 여러 종류의 문자(정보)에 색을 칠한 다음 겹쳐서 보내고, 받는 쪽에서 불필요한 정보를 가려서 꺼내는(필요한 정보만 꺼내는) **부호 다중 전송** 기술이 채용되었습니다.

글로벌한 멀티미디어 시대로

이러한 3세대 통신 기술은 전 세계에서 공통으로 사용할 수 있는 휴대전화를 만들고자 하는 분위기 속에서 탄생했습니다. 최신 디지털 기술을 도입하여 전화 이외에도이메일이나 이미지(사진) 전송 등을 **세계 공통 방식**으로 널리 이용할 수 있게 되면서**'멀티미디어 전송'** 시대가 열렸습니다.

그림1-14
그림1-14 궁극의 지면 절약 … 필살 '겹쳐쓰기'

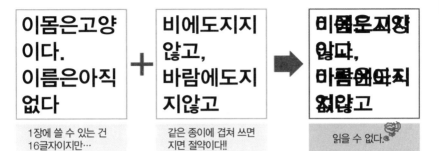

이몸은고양
이다.
이름은아직
없다

1장에 쓸 수 있는 건
16글자이지만…

+

비에도지지
않고,
바람에도지
지않고

같은 종이에 겹쳐 쓰면
지면 절약이다!!

→

읽을 수 없다.

그림1-15 서로 다른 색으로 인쇄하고 색상 필터를 거쳐서 읽는다

다중 전송의 이익: 한 권 분량으로 두 권을 인쇄하는 바람직한 친환경 책(…일까?)

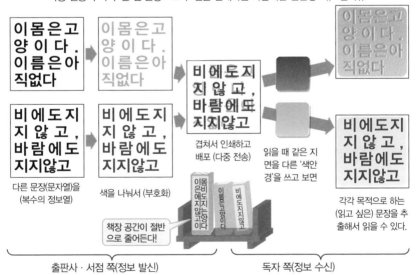

이몸은고
양 이 다 .
이름은아
직없다

비 에 도 지
지 않 고 ,
바람 에 도
지지않고

다른 문장(문자열)을
(복수의 정보열)

이몸은고
양 이 다 .
이름은아
직없다

비 에 도 지
지 않 고 ,
바람 에 도
지지않고

색을 나눠서 (부호화)

비에도지
지않고 ,
바람에도
지지않고

겹쳐서 인쇄하고
배포 (다중 전송)

책장 공간이 절반
으로 줄어든다!

이몸은고
양 이 다
이름은아
직없다

비에도지
지 않 고 ,
바람에도
지지않고

읽을 때 같은 지
면을 다른 '색안
경'을 쓰고 보면

각각 목적으로 하는
(읽고 싶은) 문장을 추
출해서 읽을 수 있다.

출판사 · 서점 쪽(정보 발신)   독자 쪽(정보 수신)

Point

✔ 부호 다중 전송에선 '색'을 입혀서 전송한다. 받는 쪽에서 '색 필름'을 이용해 필요
한 문자만 읽어내면 지면(전송로의 '굵기')을 절약할 수 있다.

✔ 3세대 시스템에서는 음성전화 이외에도 이메일이나 이미지(사진) 등의 '멀티미디
어 전송' 시대가 막을 열었다. 전 세계 공통인 국제 방식으로 보급되었다.

≫ 편리한 패킷 마스터 4세대 시스템

더 많은 문자(정보)를 단시간에 보낸다

4세대 시스템에 사용되는 '**직교 주파수 분할 다중**' 기술은 험로(잡음, 혼신)에 강하다고 합니다. 잡음이나 혼신이 많은 통신로를 '진동이 심한 컨베이어'로 비유해 '우리나라'라는 네 글자를 전송하는 경우를 생각해 보겠습니다(그림 1-16).

우선 단순히 '시간 방향으로 압축'해서 전송하는 경우입니다. '우리나라'라는 글자를 신축성 있는 종이 띠 모양 고무에 인쇄하여 시간 방향(가로)으로 꽉 눌러 압축합니다. 압축된 만큼 고무는 세로(전송로의 굵기 방향)로 길어집니다. 그 상태에서 가로로 긴 띠 모양으로 네 조각으로 분할하고 '진동'에 대비해 방향을 나타내는 표시를 추가한 후 컨베이어로 보냅니다.

컨베이어의 출구(수신 측)에서는 진동의 영향으로 조각이 흐트러지게 되므로, 전송할 때 추가한 표식에 의지해 모든 조각의 방향을 정확히 맞춘 후 원래 크기로 되돌려서 정보를 꺼내게 됩니다.

이때 전송 속도를 높이면 조각 수가 증가하므로, 모든 조각을 정확히 맞추기가 매우 어려워집니다.

4세대는 '험로에 강하다!'

'**직교 주파수 분할 다중**' 방식에선 처음에 문자열의 가로와 세로를 바꾸는 조작을 합니다(요리할 때 재료를 손질하는 것처럼 이 부분이 특징입니다). 고무에 인쇄해서 가로(시간 방향)로 늘린 후 긴 띠 모양으로 잘라서 '험로'인 컨베이어로 운반합니다. 문자 하나를 운반하는 시간은 길어지지만 세로(전송로의 '굵기' 방향)로 압축하여 문자 네 개를 동시에 전송하므로 전체 효율은 변하지 않습니다. 또한 받는 쪽에서 조각의 방향만 확인하면 문자를 꺼낼 수 있어, 처리가 매우 간단해집니다(마지막에 간단히 세로를 가로로 변환하면 수신 처리는 끝이 납니다). 이처럼 **4세대 시스템**은 전송로가 열악해도 단시간에 복잡한 처리를 해서 많은 정보를 바르게 보낼 수 있으므로, 고속 데이터 통신의 달인 '**패킷 통신** 마스터'라고 부를 수 있습니다.

그림 1-16 진동이 심한 컨베이어(열악한 전송로)로 문자(정보)

Chapter
1

편리한 패킷 마스터 4세대 시스템

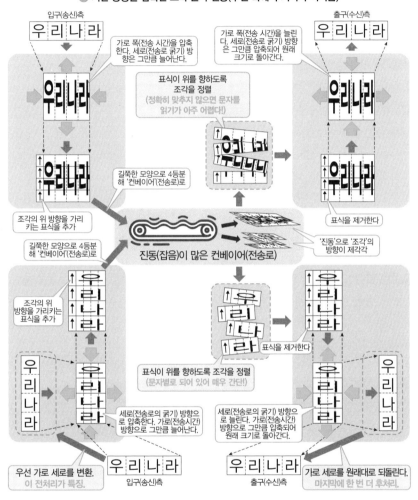

@ 시간 방향을 압축한 고속 문자 전송(수신 측에서 처리가 어려움)

⑥ '직교 주파수 분할 다중'의 고속 문자 전송(수신 측에서 처리가 간단함)

Point

✔ '직교 주파수 분할 다중'은 처음에 전처리(가로 세로 변환)가 특징.

✔ 4세대 시스템은 많은 정보를 짧은 시간에 험로라도 전송 가능. 고속 데이터 통신이 특기인 "패킷 마스터"

≫ 세련된 5세대 시스템의 등장

5세대의 사명

지금까지 얼마나 많은 정보를 효율적으로 운반하는지 '전송 능력'을 중심으로 이전 세대 휴대전화 기술에 관하여 설명했습니다[11].

5세대(5G)에서는 사람과 사람 간의 통신을 편리하고 쾌적하게('더 빨리'=**eMBB**: enhanced Mobile Broad Band) 만드는 전통 가치를 계승하고 발전하는 데 더해, '더 많은' 단말(**mMTC**: massive Machine Type Communications)을 '확실하고 안전하게' (**URLLC**: Ultra-Reliable and Low Latency Commincations) 정보 로 연결하는 기술적인 수단을 도입했습니다. 2장부터는 5G를 지탱하는 이러한 기술 과 몇 가지 개념을 주제로 설명합니다(그림 1-17).

유니버설에서 로컬로

또 하나 '**로컬 5G**'라는 개념이 있습니다. 지금까지 휴대전화는 '언제 어디서나 누구와 도' 연결되는 것을 목표로 발전하여, 전 세계에 대용량 고속 통신을 제공하는 이른바 '**유니버설 5G**'가 실현되었습니다. 전국 곳곳에서 균일하고 안정적인 통신 서비스가 제공되며, 스마트폰은 어디에 가든 편하게 의지할 수 있는 동반자가 되었습니다. 고 도의 통신망 구축과 운영에 필요한 비용을 모두가 나누어 부담함으로써 그 혜택을 전 세계 모두가 함께 이용할 수 있게 되었습니다.

로컬 5G는 세계 공통 자산인 5G 기술을 이용하여, 지역, 사회, 혹은 산업 등의 분 야에서 '**맞춤형 5G**' 네트워크를 이용하는 기술입니다. 구체적으로는 제조업이나 유 통·판매, 금융, 건설, 교통, 의료, 교육을 비롯해 행정 서비스를 포함하는 공익, 공 공 등 실로 다양한 분야에서 이용할 수 있습니다(그림 1-18). '로컬 5G'에 대해서는 이 책 뒷부분에서 좀 더 설명하겠습니다.

---

11 전송 능력의 고속화 대용량화로 편리해지자 사용 범위가 넓어졌고, 다음 세대 기술 혁신을 촉진하는 선순환 모델 이 만들어졌습니다.

그림 1-17 '더 빠르게' '더 많이' '확실하고 안전하게'를 구현하는 기술

그림 1-18 로컬 5G = 세계 공통의 5G 기술을 특화된 영역에 사용한다

전세계 공통 5G   맞춤형 5G

Point

✔ 5G의 사명은 '더 빠르게' '더 많이' 그리고 '확실하고 안전하게'

✔ 세계 공통 자산인 '유니버설 5G' 기술을 이용하여, 지역이나 사회 혹은 산업 등의 분야에서 '맞춤형 5G'로 사용하는 '로컬 5G'

따라해보기

데이터 다운로드에 사용하는 시간을 산출한다

1장에서는 이동통신의 발전에 대해 얼마나 많은 정보를 효율적으로 운반하는지 '전송 능력'을 중심으로 이야기했습니다. 그림 1-7은 휴대전화 계약자 수, 휴대전화를 포함한 이동통신 시스템에서 주고받는 하향 정보량(트래픽) 추이를 다룬 그래프로, 월간 통산 트래픽이 최근 들어 1,000 테라바이트(10^{15}바이트)에 이르렀음을 알 수 있습니다.

이 트래픽을 전국 이용자가 4G 스마트폰의 이론상 최대 속도인 1.7Gbps(1초당 1.7×10^9비트의 전송 속도)로 다운로드한다고 가정하고, 다운로드에 걸리는 합계 시간을 계산해 보겠습니다. 계산식은 다음과 같습니다(식에서 'B'는 바이트를 나타내는 단위입니다).

$$10^{15}(B) \times 8(bit/B) \div \underline{1.7 \times 10^9(bps)} = 4.7 \times 10^6(초) = 54.5일$$

데이터 다운로드에 이용자 전체가 한 달에 총 54.5일분의 시간을 소비한 것으로 계산됩니다. 1인당으로 환산하면 몇 초에 불과하지만, 전체로 보면 방대한 시간이 됩니다. 이 결과가 5G의 최대 통신 속도에선 어떻게 되는지 방금 전의 식의 1.7×10^9(밑줄) 부분을 20×10^9로 바꿔 계산해 보세요. 총 시간이 대폭 단축되는 것을 알 수 있습니다.

〈 1,000테라바이트 정보를 다운받기 위한 소요 시간 〉

통신기기	최대 전송 속도	다운로드 시간
4G 스마트폰(최대)	1.7Gbps	54.5일
5G	20Gbps	

실제 시스템에서는 전송 속도가 줄어들기 때문에 계산대로 되진 않습니다. 또한 전송 속도가 빨라지는 만큼 통신 수요가 바뀌어 통신량이 증가할 것으로 예상됩니다. 이런저런 이야기가 있지만, 상대적인 최대 전송 속도의 고속화는 결과적으로 전국의 정보 교환을 대폭 활성화하고 효율화하는 데 크게 공헌할 것입니다.

[정답] $10^{15}(B) \times 8(bit/B) \div 20 \times 10^9(bps) = 4 \times 10^5(초) = 4.6일$

Chapter 2

5G는 전파로 통신한다

**귀중한 전파 자원을 소중하게 효율적으로
이용하는 기술**

≫ 인기가 많은 전파

전파는 인기인 //

전파에는 먼 곳까지 전달되는 멋진 성질이 있어, 휴대전화 이외에도 매우 많은 중요한 분야에서 이용됩니다(그림 2-1). 정보를 전파에 실어 보내는 통신 이외에도, 방송, 기상 관측, 항공 관제, 전파 천문학, 부엌의 전자레인지까지 그 '전달 방식'의 특징을 활용해 실로 다양한 분야에서 이용되는 인기인입니다.

'전파는 전해져요 어디까지라도~♪' ? ////////////////////////////////////

전파란 전기를 흐르게 하려는 힘(전계)과 자석의 힘(자계)이 서로 반복적으로 변화하여 '파도'처럼 공간으로 퍼져나가는 현상입니다. 여기서는 전파를 '죽마'에 빗대어, 오른발(전계)과 왼발(자계)이 번갈아 앞으로 나오는 변화를 반복하며 전진하는 모습으로 설명합니다(그림 2-2). 단, 죽마 길이에 관계없이 보폭과 걸음 수(단위 시간당)를 곱한 이동 속도는 언제나 같다고 하겠습니다. **전파의 전달 방식**은 1초당 '걸음 수'(**주파수**) 혹은 이동 속도를 주파수로 나눈 '보폭'(**파장**)에 따라 바뀝니다[1].

가늘고 길게와 굵고 짧게 //

죽마를 이용해서 여러 사람이 짐(정보)을 나르는 상황을 생각해 보겠습니다. 긴 죽마는 보폭이 커서 멀리까지 쉽게 짐을 옮길 수 있습니다. 또 약간의 장애물은 넘어서 옮길 수도 있지만, 간격을 벌려서 걷기 때문에 옮길 수 있는 짐은 얼마 되지 않습니다. 반면 짧은 죽마는 보폭이 짧아서 걸음 수가 늘어납니다. 쉽게 피로해져 멀리까지 걷지 못하고 장애물이 있으면 거기서 멈춰 버리지만, 여러 사람이 간격을 좁혀 걸을 수 있기 때문에 전체로 보면 많은 짐을 옮길 수 있습니다. 휴대전화 통신에서는 정보 전달에 필요한 도달 가능 거리와 전송 가능한 정보량의 균형을 확보하는 데 적합한 주파수의 전파를 사용합니다.

---

[1] 여러 가지 이용 분야와 할당된 주파수에 관해서는 2-2절에서 이야기합니다.

그림 2-1 전파는 매우 다양한 분야에서 이용된다

그림 2-2 전파의 특성: '가늘고 길게'와 '굵고 짧게'

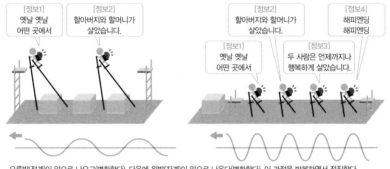

[정보1]
옛날 옛날
어떤 곳에서

[정보2]
할아버지와 할머니가
살았습니다.

[정보2]
할아버지와 할머니가
살았습니다.

[정보4]
해피엔딩
해피엔딩

[정보1]
옛날 옛날
어떤 곳에서

[정보3]
두 사람은 언제까지나
행복하게 살았습니다.

오른발(전계)이 앞으로 나오고(변화한다), 다음에 왼발(자계)이 앞으로 나온다(변화한다). 이 과정을 반복하면서 전진한다.
보폭(파장) × 단위 시간당 걸음 수(주파수)는 같다 → 이동 속도는 빛의 속도와 같다(1초에 지구를 7바퀴 반 도는 속도)

[가늘고 긴 죽마]
• 보폭(파장)이 길다. 느릿느릿 걸어도 거리가 나온다.
• 쉽게 먼 거리를 걸을 수 있다.
• 걷는 간격이 길기 때문에 옮길 수 있는 짐(정보)은 적다.
• 약간의 장애물은 넘어간다.
• 승하차에 매우 긴 사다리(안테나)가 필요하다.

[굵고 짧은 죽마]
• 보폭(파장)이 짧다. 빨리 걸어서 걸음 수로 거리를 번다.
• 피곤해서 먼 거리를 걷지 못한다.
• 간격을 좁히면 많은 짐(정보)을 옮길 수 있다.
• 장애물이 있으면 거기서 멈춘다.
• 승하차에 매우 짧은 사다리(안테나)를 사용한다.

파장이 긴 전파(낮은 주파수)
멀리까지 도달하지만 옮길 수 있는 정보량은 적다.
약간의 장애물이 있어도 넘어간다.

파장이 짧은 전파(높은 주파수)
옮길 수 있는 정보량은 많아지지만, 멀리까지
도달하지 않는다. 장애물이 있으면 거기서 멈춘다.

Point

✔ 전파는 매우 많은 분야에 이용되는 인기인.

✔ 전파의 '전달 방식'은 주파수(=파장에 반비례)에 따라 달라진다.

✔ 휴대전화에서는 스마트폰에서 기지국까지의 거리와 전송하는 정보량의 균형을 알
맞게 확보할 수 있는 주파수의 전파를 이용한다.

» 전파를 함께 사용한다

서로 양보하며 이용한다

전파의 할당은 전철의 좌석과 비슷한 점이 있습니다. 조금이라도 많은 사람이 앉을 수 있도록 조금씩 당겨서 앉을 필요가 있지만, 너무 붙으면 비좁아지므로 불편하지 않을 정도의 적당한 간격이 필요합니다(그림 2-3). 전파도 같은 장소에서 동시에 사용하면 혼신이 되어 버리기에, 용도에 맞는 전파를 필요한 사람이 필요한 장소에서 사용할 수 있도록 사전에 전파의 종류와 사용할 장소와 시간을 구분하는 방법이 정해져 있습니다.

'주파수'를 할당한다

그림 2-4에서는 일본의 주파수 할당 상황(분배)을 보여줍니다. 휴대전화에서 사용하는 대역을 중심으로 600MHz에서 60GHz[2]까지의 범위를 나타냈습니다. 그림의 가로축은 로그 눈금이고, 가로 폭 길이가 같은 띠는 그림의 어디에 있든 그 왼쪽 끝과 오른쪽 끝의 주파수의 비(나눈 결과)가 같아집니다.

세로축 방향은 이용 분야(무선 업무)를 나타내는데, 실로 다양한 분야에서 전파를 이용하는 것을 알 수 있습니다. 전파는 국경을 넘어가기도 해서, 우선 국제적으로 공통된 사용법을 협의하고 협의를 근거로 국가나 지역별로 구체적인 전파를 분배하는 체계로 되어 있습니다.

그림에서 제일 위의 파란색 띠가 휴대전화용 **주파수 대역**입니다[3]. 파란색 띠의 합계 폭은 로그 눈금 상에서 대역 전체의 20% 미만에 해당하는 길이(비율)입니다. 이러한 주파수 대역을 방대한 수의 휴대전화기가 공유하면서 효율적으로 이용하고 있습니다.

실제로 전파를 이용할 때는 서로 혼신을 피하고자 할당된 대역 안에서 서로 필요한 최소한의 '간격'을 두고 이용합니다. 또한 중복으로 할당된 대역을 공유하는 경우에는 이용 장소나 시간을 나누는 등의 연구나 조정이 필요합니다. 혼잡 시간대의 전철 좌석처럼 빈틈을 최소로 유지한 채로 장소(승차 구간)나 시간대에 맞게 서로 양보하며 이용하는 점에서도 비슷합니다.

---

2   1MHz는 초당 100만 회, 1GHz는 초당 10억 회 진동합니다.

3   700~900MHz대, 1.5~2GHz대, 3.5GHz대와 5G용으로 할당된 3.7GHz대, 4.5GHz대, 28GHz대가 포함되어 있습니다.

그림2-3 '전철 좌석의 법칙' : 조금씩 당겨서 앉는다

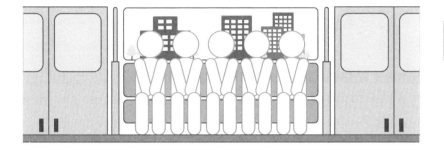

그림2-4 주파수 할당 상황(일본)

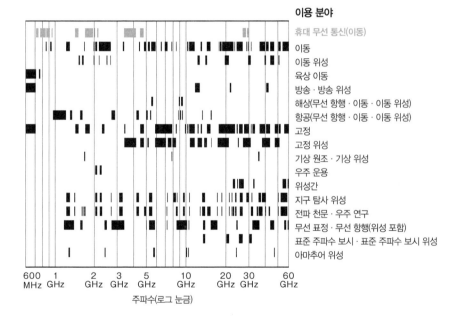

이용 분야

휴대 무선 통신(이동)
이동
이동 위성
육상 이동
방송 · 방송 위성
해상(무선 항행 · 이동 · 이동 위성)
항공(무선 항행 · 이동 · 이동 위성)
고정
고정 위성
기상 원조 · 기상 위성
우주 운용
위성간
지구 탐사 위성
전파 천문 · 우주 연구
무선 표정 · 무선 항행(위성 포함)
표준 주파수 보시 · 표준 주파수 보시 위성
아마추어 위성

| 600 MHz | 1 GHz | 2 GHz | 3 GHz | 5 GHz | 10 GHz | 20 GHz | 30 GHz | 60 GHz |

주파수(로그 눈금)

Point

✔ 전파는 서로 혼신이 일어나지 않도록 이용 목적에 따라 적합한 주파수가 미리 할당되어 있다.

✔ 전파는 빈틈없이 할당되어 있고 일부 대역은 중복으로 이용된다.

✔ 휴대전화는 700MHz ～ 28GHz 범위 내에서 할당된 몇 개 대역을 이용한다.

≫ 귀중한 전파 자원을 소중하게 확실하게 사용한다

슬림화하고 꽉 채워서 확실하게 전송한다 //////////////////////////////

음성을 전달할 때의 통신 구조를 그림 2-5에 나타냈습니다. 귀중한 전파를 이용해 정보를 전송할 때, 휴대전화에서는 가능한 한 많은 정보를 슬림화해서 한정된 주파수 대역에 채워 넣어 전송합니다.

우선, 음성을 마이크 등을 이용해 전기 신호로 변환하고, 디지털 방식으로 전송하기 위해 '부호화'합니다. 이때, 되도록 짧은 부호(적은 문자수)로 필요한 정보를 표현할 수 있는 '슬림화' 방법이 필요합니다. 음성을 부호화하는 방식은 2-4절에서 설명합니다.

전파로 전송하면 감쇠나 노이즈와 간섭의 중첩이 발생하므로, 정확하고 확실하게 부호가 전달되도록 처리해야 합니다. 전송하는 부호(문자)에 따라 전파의 파형을 변형(변조)하여 송신합니다. 이때도 전파의 대역폭을 절약하기 위한 기술이 사용됩니다. 2-5절에서 그 기술의 일부를 소개합니다.

수신 측에서는 송신할 때의 역순으로 부호로부터 전기 신호를 복원해 음성에 대응하는 소리를 스피커로 재생합니다.

주파수 이용 효율을 높이다 //////////////////////////////////

그림 2-6(좌측)은 각 세대의 휴대전화 시스템에 대하여 **최대 전송 속도**와 이용하는 전파의 **주파수 대역폭**(굵기)을 나타낸 것입니다[4].

최대 전송 속도를 주파수 대역폭으로 나눈 값이 클수록 정보 전송 시 **주파수 이용 효율**이 높습니다. 최대 전송 속도는 5세대까지 오는 동안 약 1억 배 증가했지만, 이용 대역폭은 약 1만 배로 4자리수 적게 증가한 편이므로, 주파수 이용 효율은 그림 2-6의 오른쪽에 나타낸 것처럼 5세대로 오는 동안에 수천 배나 좋아진 것입니다. 휴대전화 기술의 발전은 한정된 전파를 제대로 사용해 많은 정보를 효율적으로 전달하기 위한 것이라고 할 수 있습니다.

---

4 1-3, 1-4, 1-6~1-10절 등에서 설명한 1세대~5세대 휴대전화 시스템으로 분류되는 실제 시스템(일부)의 사양에서 발췌한 값을 나타냈습니다.

그림 2-5 음성을 전달하는 통신 기술

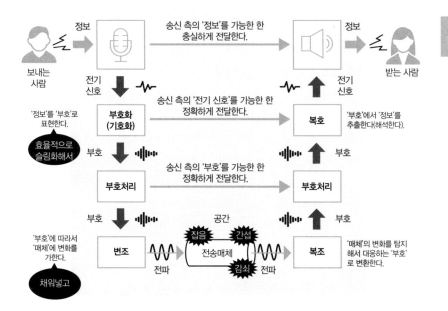

그림 2-6 통신 시스템의 최대 전송 속도 및 전파의 대역폭, 주파수 이용 효율

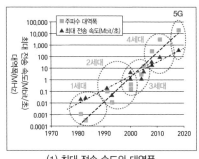

(1) 최대 전송 속도와 대역폭

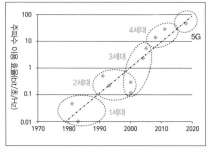

(2) 주파수 이용 효율

Point

✔ 전파는 한정되어 있으므로 효율적이고 확실하게 정보를 운반하는 것이 중요하다.

✔ 전파의 주파수 대역폭을 절약하면서 더 많은 정보를 전송하는 방법과 노이즈나 간섭이 중첩되는 조건에서도 확실하게 전송하는 방법이 필요하다.

✔ 휴대전화 기술은 한정된 전파를 효율적으로 이용해, 많은 정보를 효율적으로 전달하기 위해 발전했다.

» 원본 정보를 먼저 슬림화한다

연속적으로 변화하는 신호를 부호화한다 \\\\\\\\\\\\\\\\\\\\\\\\\\

2-3절에서 언급한 부호화 시 '슬림화' 방식에 관해 **음성 신호를 부호화**하는 예를 들어 설명하겠습니다. 음성 등을 마이크로 변환한 전기 신호(그림 2-5) 파형은 목소리 크기와 높이에 따라 연속적으로 변화합니다. 변환된 전기 신호는 크기와 반복 주기가 일정한 여러 파형의 조합으로 나타낼 수 있습니다. 그중에서 가장 높은 음의 반복 주기의 절반보다 짧은 간격으로 원래 파형의 높이만 측정해 두면, 그 값(그림의 화살표 길이 정보)을 이용해 원형을 재현할 수 있습니다(그림 2-7 왼쪽).

실제 부호화에서는 음성보다 높은 신호 성분을 제거하기 위해 평활화하고, 다음으로 가장 높은 음성 성분의 반복 주기보다 짧은 간격으로 신호 파형의 높이를 측정해 부호화합니다. 당근의 실루엣을 부호화한다면, 처음에 불필요한 수염뿌리를 제거하고(평활화), 둥글게 자른 후(표본화), 마지막에 지름을 측정하는 것과 같은 이미지입니다(그림 2-7 오른쪽).

사람의 대화는 '가운데 미'부터 '오른쪽 끝 솔'까지 \\\\\\\\\\\\\\\\

일반 전화기의 음성 통화에서는 사람의 음성을 300Hz에서 3.4kHz 범위의 소리[5]로 슬림화해서 전달합니다. 피아노 건반에서 중간 부근의 '미'로부터 약 3옥타브 위의 '솔'에 해당하는 범위입니다(그림 2-8). 일단 부호화한 음성 신호 정보를 다시 음의 높이에 대응하는 음표와 그 강약이나 시작 타이밍 정보를 기록한 '악보'로 고쳐 전송하고, 수신 측에서 '악보'대로 원래의 음성을 재생함으로써 **효율적으로 전송**[6]할 수 있습니다.

휴대전화에서는 한층 더 절약해서 사람의 목구멍과 입의 메커니즘을 모방하여 발성하는 '오케스트라' 역할을 수신 측에 준비해 두고, 송신 측에서는 '지휘자'가 소리를 분석해 수신 측 '오케스트라'에 지시 정보만 전송해 음성 정보를 정교하게 재현하는 매우 뛰어난 정보 절약 기술이 이용됩니다(6-4절 참조).

---

5 300Hz는 초당 300회, 3.4kHz는 초당 3,400회의 공기진동(소리)입니다.
6 음성 통화 품질은 유지한 채로 전송하는 정보량을 몇 분의 1로 슬림화할 수 있습니다.

그림 2-7 연속적으로 변화하는 전기 신호를 부호화하는 원리

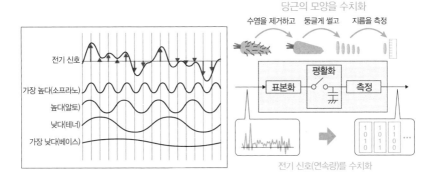

그림 2-8 사람의 음성(대화)을 기호화한다

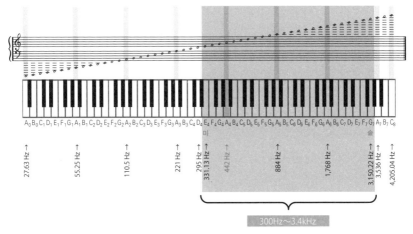

300Hz~3.4kHz

음성 통화에서 다루는 사람의 음성 주파수 범위는
대체로 피아노 건반의 오른쪽 절반

※ 그림 안의 주파수는 평균율, 피치 442Hz, 88 건반의 경우

Point

✔ 음성 신호 등 연속적으로 변화하는 신호는 가장 높은 음 성분의 2배 높은 음의 주기보다 짧은 간격으로 부호화하면 재생 가능하다.

✔ 사람의 대화는 건반 중앙 '미'에서 약 3옥타브 위 '솔' 범위의 음으로 전송한다.

✔ 목구멍과 입을 본뜬 오케스트라를 원격 지휘하여 발성한다(슈퍼 정보 절약술).

» 슬림화한 정보를 채워 넣다

가득 채우면 바빠진다

그림 2-5에서 설명한 전파의 '변조'는 전파의 파형의 시작되는 타이밍이나 강약을 바꿈으로써 전송하는 정보(문자의 종류)를 표현합니다. 그림 2-9를 예로 들면, 가장 간단한 변조는 2박자(1마디에 4분음표 2개)로 1마디에 한 번 울리는 방법입니다. 보내는 정보가 0이면 첫 번째 박에, 1이면 두 번째 박에 소리를 냅니다. 두 가지 패턴으로 0이나 1이라는 두 가지의 정보(2진수 1자리 수)를 전달할 수 있습니다.[7] 음의 길이를 절반으로 줄이고 1마디에 음표가 4개 들어가는 속도(4박자)로 하면, 소리가 나는 박자는 1마디 안에 네 군데이므로, 합계 네 가지(0과 1의 조합으로 두 자리(이진수 두 자리분))의 정보를 나타낼 수 있습니다. 2박자의 위치에다, 다시 음의 강약 구별과 상하 2단 악보로 두 가지 악기를 도입하면, 모두 16가지 정보를 나타낼 수 있습니다[8].

빈 마디에 채워 넣다

예를 들어 그림 2-10에서 숫자 '10110100'을 표현하는 경우를 생각해 보겠습니다. 가장 단순한 2박자로 하면 모두 8마디 분량의 음표가 필요하지만, 2배속인 4박자로 하면 4마디 분량이 필요합니다. 다시 2박자 + 음의 강약 + 상하 2단으로 구성하면, 그절반의 마디 수로도 나타낼 수 있습니다. 정보를 전송하는 시간이 짧아져 **고속 전송**이 가능해집니다. 또한 비어 있는 마디에 해당하는 시간에 다른 정보를 사용할 수 있으므로 귀중한 전파 자원을 2배, 4배나 효과적으로 이용할 수 있게 됩니다. 이처럼 단위 시간(1마디)에 정보를 전달하기 위한 전파의 변화(미세한 음의 변화)를 채워 넣어 전송하는 기법을 **고차 변조**라고 부릅니다. 다만, 방법이 복잡해질수록 정밀도가 좋은 송신 기술과 수준 높은 수신 기술이 필요합니다. 간섭이나 노이즈가 많은 조건에서는 미세한 타이밍의 차이를 구분해 정확하게 정보를 추출하기가 어렵기 때문에, 그런 약점을 보완하기 위한 다양한 시스템이 함께 사용됩니다.

7　1단위 시간당 두 가지 또는 네 가지로 신호의 위상(타이밍의 빠름과 느림)을 변화시켜 정보를 전송하는 변조 방식으로 각각 BPSK(Binary Phase Shift Keying), QPSK(Quadrature Phase Shift Keying)가 있습니다.

8　두 가지의 악기에 해당하는 두 종류의 신호 각각에 대해 위상(타이밍의 빠름과 느림)과 신호의 크기(대, 소)를 조합하여 네 가지 변화를 준비하고, 두 개의 신호를 조합해 1단위 시간당 총 16가지 변화를 사용함으로써 정보를 전송하는 변조 방식으로 16QAM(16 Quadrature Amplitude Modulation)이 있습니다.

그림 2-9 '박자의 위치'와 '강약'을 조합해서 정보 전송

Chapter
2

슬림화한 정보를 채워 넣다

2패턴(BPSK)

위상 변조 : "시작 타이밍"을 다르게 하여 정보를 전달한다.
위상 편이 변조
~음표를 이용한 설명 시도(^^♪)~

음표 길이(음가)를 절반으로 하면
단위 시간(1마디)당 표현할 수 있는
'정보량(가사)'은 2배가 된다.

4패턴(QPSK)

박자 위치와 음의 강약에 더해 상하 2종류
의 악기를 도입. 마디마다 상하 조합으로
16가지 정보를 표현할 수 있다

16패턴(16QAM)

그림 2-10 '101100100'이라는 정보(가사)를 다른 방법으로 전달한다

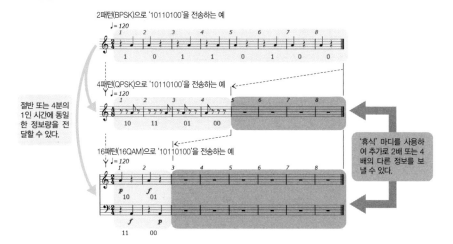

2패턴(BPSK)으로 '10110100'을 전송하는 예

4패턴(QPSK)으로 '10110100'을 전송하는 예

절반 또는 4분의
1인 시간에 동일
한 정보량을 전
달할 수 있다.

'휴식' 마디를 사용하
여 추가로 2배 또는 4
배의 다른 정보를 보
낼 수 있다.

16패턴(16QAM)으로 '10110100'을 전송하는 예

Point

✔ '변조'는 전파의 파형을 전송하는 정보(문자)에 대응해 변형하는 조작이다.

✔ 같은 시간에 미세하게 '변형'하면 많은 정보를 채워 넣을 수 있다.

✔ 미세한 '변형'은 약간의 노이즈에도 민감하므로 고도의 송수신 기술이 필요하다.

≫ 가득 채웠으면 적재적소로 운반한다

고속도로에서 빠른 스포츠카 //

앞에서 고차 변조를 이용해 많은 데이터를 효율적으로 전송하는 시스템에 대해 설명했습니다. 한편으로 간섭이나 노이즈가 많은 조건에서 정보를 올바르게 전송하려면 고차 변조에 특별한 방법이 필요하다고 말했습니다. 다음 절부터 몇 가지 방법을 소개하는데, 여기서는 변조 방식과 전송로 조건의 관계에 대해 간단히 보충합니다. 그림 2-11에서는 각종 변조 방식을 탈것에 비유했습니다. 스포츠카는 고속 전송이 가능한 고차 변조(고속 변조)로 고속도로를 빠르게 달릴 수 있습니다. 저속 변조(앞에서 소개한 가장 단순한 변조)에서는 트랙터처럼 매우 느린 속도로 전송됩니다.

험로에서 강한 트랙터 //

하지만, 그림 2-12처럼 도로 상태가 나빠지면 이야기는 전혀 달라집니다. 험로에서 스포츠카는 달릴 수조차 없지만, 트랙터는 꾸준히 전진할 수 있습니다. 변조 방식도 마찬가지여서 고차 변조는 **전송로 조건**이 양호하고 간섭이나 노이즈가 적은 조건에서는 고속 전송이 가능하지만, 전송로 조건이 나빠지면 전혀 정보를 전송할 수 없게됩니다. 반면에, 저속 변조는 전송로 조건이 다소 나빠도 어느 정도의 속도로 정보를 전송할 수 있습니다. 어느 경우든 이 뒤에 소개하는 다양한 기술로 상황을 개선할 수 있지만, 그래도 원래 변조 특성에 적합한 조건으로 전송하지 않으면 효율적으로 정보를 전송하기 어렵습니다.

이동하면서 통신하는 휴대전화의 전송로 조건은 통신 장소나 시간대에 따라 계속 바뀌는데, 어떤 조건에서도 적합한 만능 변조 방식은 존재하지 않기에 그때그때 전송로 조건에 따라 최적의 변조 방식으로 전환하여 정보를 전송하는 '**적응 변조**' 시스템이 이용됩니다.

그림 2-11 '고속도로(양호한 조건)'에서는 스포츠카가 빠르다

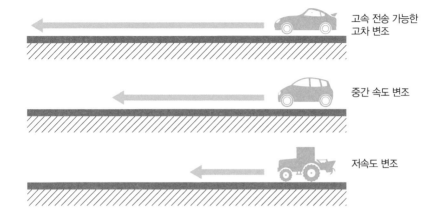

고속 전송 가능한
고차 변조

중간 속도 변조

저속도 변조

그림 2-12 '험로'에서는 트랙터(완강한 방법)가 착실하게 나아간다

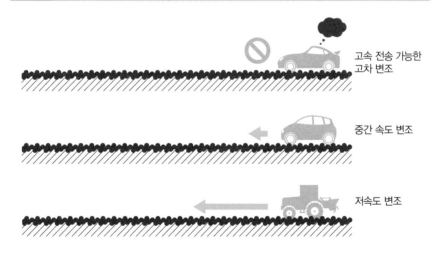

고속 전송 가능한
고차 변조

중간 속도 변조

저속도 변조

Point
✔ 전송로 상태가 좋을 때는 고차 변조로 빠르게 정보를 전송하고, 나쁠 때는 저속 변
   조로 착실하게 정보를 전송한다.
✔ 전송로 상태에 따라 최적의 변조 방식으로 전환하는 적응 변조를 이용한다.

» 수신하면 행간을 읽는다

열 편차가 있는 전기로를 통과하면 변형된다

그림 2-13 ⓐ는 전파가 전송되는 공간을 "열 편차가 있는 전기로(電氣爐)"에 비유해서, 열에 의해 변형되는 소재에 문자를 인쇄해 전기로를 통과시키는 모습을 나타냈습니다. 전기로의 열 편차는 소재가 통과하는 동안에도 변화하며, 가로 방향(전파의 주파수 방향)으로도 발생하므로 출구(수신 측)에서 문자가 가로 세로 사선으로 변형되어 버립니다.

ⓑ는 전기로의 열 편차(전파가 전송되는 공간에서 받는 간섭 등에 의한 변형)를 조사하고자 같은 소재에 화살표를 인쇄한 것입니다. 출구에서 화살표 상태를 조사하면, 각 위치에서 생긴 변형 정도를 파악할 수 있습니다.

화살표가 변형된 모습을 보면, 가로 방향(주파수)과 세로 방향(시간) 모두 인접 위치끼리 방향과 길이가 조금씩 어긋나면서 변형된다는 것을 알 수 있습니다. 하지만 이 방법은 어디까지나 시험용 자료이며, 수신 측(전기로 출구측)에 전달하고 싶은 것은 의미 없는 화살표 뭉치가 아니라 정보(문자 세트)입니다.

변형을 추정하여 수정한다

그래서 ⓒ처럼 송신 측(전기로 입구쪽)에서 보내고 싶은 문자 사이에 표식을 삽입해서 인쇄합니다. 표식을 많이 삽입하면 전기로 내부 상태를 정확히 파악할 수 있지만, 그만큼 한 번에 보낼 수 있는 문자 수는 줄어들게 됩니다. 열 편차를 파악할 수 있을 정도의 간격으로 종횡으로 비스듬하게 표식을 배치하여 인쇄합니다.

전기로 출구(수신 측)에서 표식이 삽입된 위치(파란 테두리)가 어느 정도 틀어졌는지 조사합니다. 그리고 주변에 있는 표식의 상태를 종횡으로 비교하면, 중간(행간)의 열 편차를 추정할 수 있습니다.

그 추정 결과를 이용해 각 문자의 위치에서 발생한 왜곡을 정확히 제거하도록 설정된 냉각로를 통과시키면, 수신 측에서 원래대로 올바른 문자열로 복원할 수 있습니다ⓓ. 이때 전기로의 열 편차 추정을 **전송로의 채널 추정**, 왜곡을 제거하는 조작을 **전송로의 왜곡 보상**이라고 합니다.

그림 2-13 전기로를 통과하는 정보의 변형

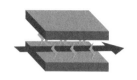

ⓐ 열 편차가 있는 전기로를 지나면 변형이 일어난다.

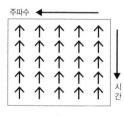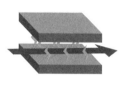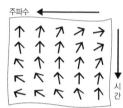

ⓑ 방향을 알 수 있게 표시해두면 전기로의 열 편차 상태를 알 수 있다.

ⓒ 방향을 알 수 있게 일정한 간격으로 표시하여 전기로를 통과시킨다.

ⓓ 화살표 위치를 기준으로 종횡으로 전기로의 왜곡을 추정하여 변형을 원래대로 되돌린다.

Point

✔ 전파로 정보를 전송하면, 시간과 주파수 방향으로 왜곡이 발생한다.

✔ 왜곡 정도를 추정하고자 표식이 되는 신호를 삽입하여 전송한다.

✔ 표식의 왜곡 상태를 보고 다른 위치의 왜곡도 추정하여 보상한다.

» 험로에 대비해 예비 정보도 운반한다

엉뚱한 작품의 탄생(문자 깨짐으로 희비가 엇갈린다)

앞에서 설명한 '전송로 채널 추정에 의한 왜곡 보상'만으로는 고칠 수 없는 전송 오류
도 발생합니다. 그런 때를 대비하여 그림 2-5의 송수신 양쪽에 있는 '부호 처리' 부분
에서 다시 조작합니다. 그림 2-14를 예로 들어 살펴보겠습니다. 이 그림은 송신 측
에서 여섯 개의 문자를 보낼 때, 세 번에 한 번꼴(확률)로 전송 오류가 발생하는 경우
입니다. 그 결과 여섯 문자 중 두 문자가 잘못 수신되는 바람에, 완성된 문자열은 '밤
에도자지않'이라는 원래 메시지와 다른 엉뚱한 문장이 되어 버렸습니다.

다수결로 결정한다(중복 정보를 더해 전송한다)

이런 치명적인 오류를 막으려면 **오류 정정** 기술이 필요합니다. 오류 정정 기술은 송
신할 때 특정한 규칙에 따라 약간 중복해서 정보를 전송하고, 수신할 때 그 규칙을
바탕으로 전송로에서 발생한 오류를 찾아내 자동으로 정정하는 멋진 기술입니다.

간단한 예를 그림 2-15에 나타냈습니다. 송신할 때 한 문자를 세 번씩 반복해서 전
송하지만, 수신할 때는 험로(조건이 나쁜 전송로)의 영향으로 세 문자에 한 문자 비
율로 오류(문자 깨짐)가 발생하고 있습니다. 이 경우엔 수신하는 쪽에서도 같은 문자
를 세 번 반복해서 보낸다는 사실을 알고 있으므로, 세 문자를 한 단위로 해서 '다수
결'로 결정하면 훌륭하게 원본 문자를 재현할 수 있게 됩니다.

하지만, 다수결 방식은 한 문자를 전송할 때 여분으로 두 문자 분량의 **중복 정보**를 더
보내야 하므로 귀중한 전파가 낭비됩니다. 실제 휴대전화 시스템에서는 최신 기술을
이용해 낭비(중복 문자 부가)를 줄이고 더 효율적으로 오류를 정정하는 방법을 채택
하고 있습니다. 일반적으로 중복 정보를 부가할수록 오류 정정 능력(성능)은 좋아지
는 경향이 있으므로, 실제 휴대전화에서는 전파 조건에 따라 역동적으로 적절한 오
류 정정 기술로 바꿔가면서 사용하는 방법도 있습니다.

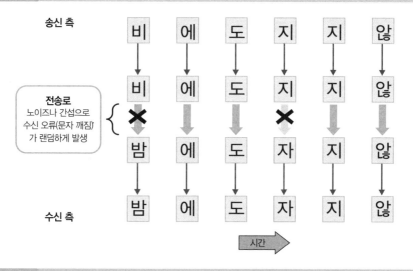

그림 2-14 엉뚱한 결과 – '밤에도자지않아?'

송신 측

전송로
노이즈나 간섭으로
수신 오류(문자 깨짐)
가 랜덤하게 발생

수신 측

시간

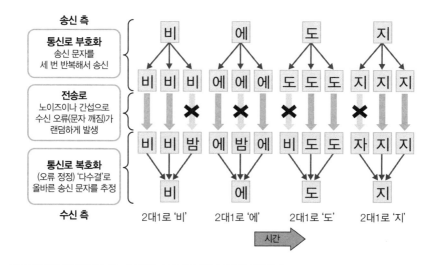

그림 2-15 '다수결'로 결정한다

송신 측

통신로 부호화
송신 문자를
세 번 반복해서 송신

전송로
노이즈이나 간섭으로
수신 오류(문자 깨짐)가
랜덤하게 발생

통신로 복호화
(오류 정정) '다수결'로
올바른 송신 문자를 추정

수신 측

2대1로 '비'   2대1로 '에'   2대1로 '도'   2대1로 '지'

시간

Point

✔ '전송로의 왜곡 보상'에서는 고칠 수 없는 오류도 발생한다.

✔ 약간의 중복 정보를 추가 전송하여 수신 측에서 오류 부분을 정정한다.

✔ 전송 조건에 따라 최적의 오류 정정 능력을 가진 방법으로 전환하여 사용한다.

≫ 치우친 험로에는 분산해서 보낸다

'오류'는 편중된다

앞에서 전송 오류 정정 기술에 관해 설명했습니다. 그때 전제는 '전송 오류가 일정한 비율로 시간상으로 편차 없이 균일하게 발생한다'라는 것이었습니다. 하지만, 실제 휴대전화 통신에서는 전화기의 이동이나 주변의 물체의 영향 등으로 전송 오류가 발생하기 쉬운 시간대와 양호한 통신 상태가 시간축 상에서 몰려서 발생합니다.

이렇게 되면 모처럼 3대1 다수결을 채택하더라도 부분적으로 연속된 3문자 중 2문자에 오류가 발생해 버리는 경우, 바르게 오류를 정정해서 문자를 수신할 수 없습니다 (그림 2-16).

섞어서 보내고 수신하고 나서 정렬한다

이런 사태에 대처하고자, 2문자씩 조를 짜고 나서 각각 반복한 총 6문자 중에서 순서를 바꿔 전송하는 방법을 사용합니다.

전송 오류는 그림 2-16처럼 몰려서 발생합니다. 수신할 때는 송신할 때와 반대로 정렬한 후 다수결로 선택합니다. 전송로에서 시간축 상으로 3문자당 2문자 비율로 발생하던 문자 깨짐이 순서 교환 조작을 거쳐 다수결 처리 단위별로 배분됩니다. 이로써 3문자당 1문자 비율로 문자 깨짐이 발생하게 되고, 다수결로 처리할 수 있으므로 무사히 올바른 문자를 재현할 수 있습니다(그림 2-17).

이처럼 송신할 때 문자 순서를 바꾸는 조작을 인터리빙, 수신할 때 원래 문자 순서로 되돌리는 조작을 디인터리빙이라고 합니다. 실제 휴대전화에서는 전송 오류가 발생하는 시간 길이에 맞는 교환 단위가 설정됩니다. 덧붙여 문자를 교환하는 길이만큼 문자(정보)를 축적하고 나서 처리를 시작하므로, 불필요하게 긴 문자 교환 조작은 정보 전송이 지연되는 원인이 됩니다. 따라서 인터리빙의 처리 단위는 전송 오류의 편향 상태와 전송 지연의 균형을 고려하여 설정됩니다.

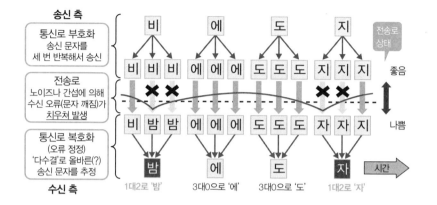

그림 2-16 전송 오류에 시간적인 '편향'이 있는 경우

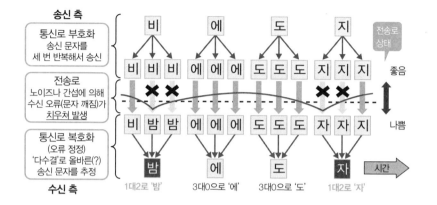

송신 측

통신로 부호화
송신 문자를
세 번 반복해서 송신

전송로
노이즈나 간섭에 의해
수신 오류(문자 깨짐)가
치우쳐 발생

통신로 복호화
(오류 정정)
'다수결'로 올바른(?)
송신 문자를 추정

수신 측

전송로
상태

좋음

나쁨

시간

1대2로 '밤' 3대0으로 '에' 3대0으로 '도' 1대2로 '자'

그림 2-17 섞어서 전송한다

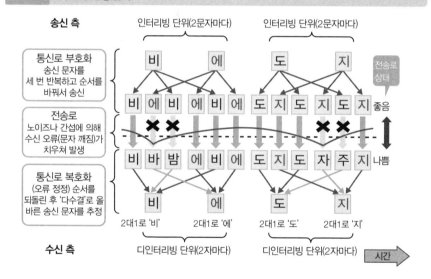

송신 측

인터리빙 단위(2문자마다) 인터리빙 단위(2문자마다)

통신로 부호화
송신 문자를
세 번 반복하고 순서를
바꿔서 송신

전송로
노이즈나 간섭에 의해
수신 오류(문자 깨짐)가
치우쳐 발생

통신로 복호화
(오류 정정) 순서를
되돌린 후 '다수결'로 올
바른 송신 문자를 추정

전송로
상태

좋음

나쁨

2대1로 '비' 2대1로 '에' 2대1로 '도' 2대1로 '지'

수신 측

디인터리빙 단위(2자마다) 디인터리빙 단위(2자마다)

시간

Point

✔ 휴대전화 전송로에서는 전송 오류가 치우쳐 발생하는 경우가 있다.

✔ 송신 측에서 문자 순서를 바꾸어 송신하고 수신 측에서 원래 순서로 되돌림으로
써, 치우쳐 발생한 전송 오류를 오류 정정 처리 단위로 균일화한다.

✔ 범위가 넓은 문자의 순서 교환은 전송 지연의 원인이 되므로 적절한 길이로 설정
한다.

» 그래도 못 고치면 재전송을 의뢰한다

아무리 해도 고칠 수 없는 경우도 있다

그림 2–18은 오류 정정과 인터리빙으로 수정할 수 없을 만큼 광범위하게 전송로에서 오류가 발생한 모습을 나타내고 있습니다. 이런 상황에서는 수신된 문자의 오류를 이미 다수결 방식으로 바르게 해결할 수 없습니다. 또한, 오류 정정 처리 자체는 수정(다수결)한 결과가 올바른지 판단할 수 없는 경우가 일반적입니다.

오류를 검출한다

그래서 오류 정정 처리 결과가 맞는지 판정하는 시스템이 필요합니다. 그림 2–18에서는 송신 측에서 세 문자마다 문자의 획수를 모두 더해 계산하고 있습니다. 계산 결과의 1의 자리를 정보로 삽입해 다른 문자와 함께 전송합니다. 세 문자의 획수를 합해서 보낸 값과 수신 측에서 다시 계산한 결과의 1의 자리를 비교합니다. 두 값이 일치하지 않으면, 오류 정정 처리가 제대로 되지 않아 제대로 수신되지 않았다고 판단(**오류 검출**)합니다. 결과적으로 전송 오류 발생 구간이 길어서 수신 측에서 오류를 수정하고 나서도 문자가 깨진 것을 알 수 있습니다.

재전송을 요청한다

수신 측에서 고칠 수 없는 정보를 발견했을 때, 역방향 정보 전달 수단을 이용해 송신 측에 '**재전송**'을 요청합니다(그림 2–19). 송신 측에서는 재전송에 대비해 최초 송신 정보의 사본을 유지합니다(❶). 첫 번째 송신(❷)이 실패하여 재전송 요청(❸)이 도착하면 다시 한번 보냅니다(❹). 재전송 시 회선 상태가 좋으면 이번에는 바르게 수신할 수 있습니다. 재전송을 하게 되면 전체 전송 지연 시간이 길어지기에 음성 통화에는 적합하지 않지만, 메일 등 문자 정보 교환처럼 약간의 전송 지연보다 정보의 정확도를 우선시하는 통신에는 매우 효과적인 방법입니다.

그림 2-18
아무리 해도 고칠 수 없는 정보를 검출한다

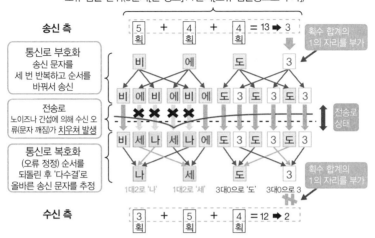

그림 2-19 다시 한번 보내라고 요청한다

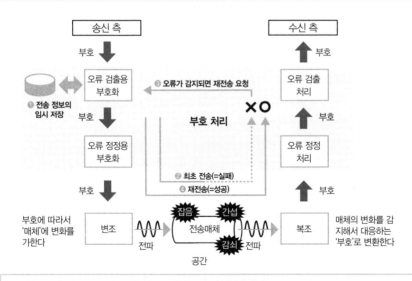

Point

✔ 오류 정정으로 수정할 수 없는 전송 오류는 오류 검출 시스템에서 검출된다.

✔ 수신 측에서 오류를 검출하면, 송신 측에 재전송을 요청한다.

✔ 재전송은 약간의 전송 지연보다 정보의 정확도를 우선하는 통신에 더 적합하다.

» 예의 바르고 조용하게

과유불급

이 절에서는 전파의 세기와 도달 거리의 관계에 대해서 이야기합니다. 소리도 공기의 진동(파동)으로 전달됩니다. 멀리 있는 사람과 대화하는데, 목소리가 너무 작으면 들리지 않고, 그렇다고 너무 크면 체력이 낭비되고 시끄럽습니다(그림 2-20).

너무 작으면 전달되지 않고, 너무 크면 간섭이 된다

전파는 파동으로서 공간에 전파되면 서서히 감쇠하고 마지막에는 수신할 수 없을 만큼 약해집니다. 휴대전화는 움직이는 위치에 따라 통신 상대의 기지국과의 거리(**전파 거리**)가 시시각각 달라집니다. 멀리 떨어진 곳과 통신할 때는 큰 전력으로 송신해야 전파가 도달하지만, 가까운 곳과 통신할 때 과도한 전력으로 송신하면 휴대전화 배터리가 낭비될 뿐만 아니라 다른 전파를 수신하는 동작까지 간섭해 나쁜 영향을 미칠 수 있습니다.

송신 전력을 조정한다

따라서 수신기 쪽에서 전파의 세기를 감시하다가 너무 약할 때는 송신 전력을 높이도록 지시하고 반대로 너무 강할 때는 송신 전력을 낮추도록 통신 상대방(송신 측)에게 지시하여, 전파를 적절한 세기로 수신할 수 있게 조정합니다(그림 2-21). 이것을 **송신 전력 제어**라고 합니다. 전파 거리에 따른 영향뿐만 아니라 전파 전송에 장애가 되는 건물 등의 영향도 상쇄하는 방향으로 송신 전력을 제어해서 조정합니다. 기지국 하나가 다수의 휴대전화와 통신하는 이동통신 시스템에서는 통신 용량을 극대화할 필요가 있습니다. 각 휴대전화가 질서를 유지하면서 적정한 송신 전력으로 예의를 지켜 통신하고, 시스템 전체에서 불필요한 간섭 발생을 최소화하는 것이 매우 중요합니다.

그림 2-20 목소리는 너무 작아도 너무 커도 좋지 않다

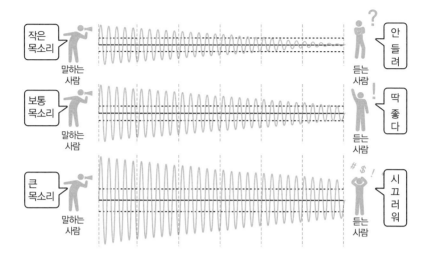

그림 2-21 멀리 있는 단말기는 크게, 가까운 단말기는 작게

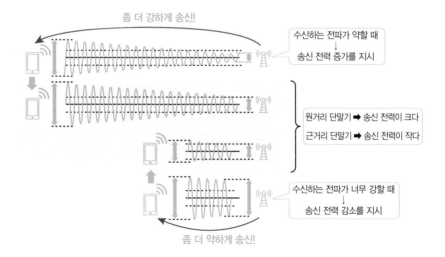

Point

✔ 전파는 공간에 전파되면서 서서히 감쇠한다.

✔ 송신 전력을 제어해 적절한 송신 전력으로 통신한다. 또한, 잉여 간섭 발생을 최소화하여 시스템 전체의 통신 능력을 증대한다.

≫ '상향'과 '하향'의 교통정리

실 전화로 통화하기

통신을 주고받는 이야기를 해보겠습니다. 한 쌍의 실 전화로 통화하는 경우, "여보세요"라고 말한 다음, 쌍방이 실 전화를 번갈아 입에서 귀, 귀에서 입으로 바꿔 가면서 응답하는 교호(交互) 통화가 이루어집니다. 이 방식으로는 대화가 불편하기 때문에 동시에 통화하고 싶을 때는 실 전화를 또 하나 준비해야 합니다(그림 2-22).

무선 통신으로 통화하기

휴대전화 무선 통신에서는 휴대전화가 기지국(무선국)과 **상호 통신**을 합니다. 이때 기지국에서 휴대전화로 정보를 보내는 통신을 "하향", 휴대전화에서 기지국으로 정보를 보내는 통신을 "상향"이라고 합니다. 상향과 하향의 상호 통신은 **시분할 이중 통신**(듀플렉스) 또는 **주파수분할 이중 통신**을 사용합니다.

시분할 이중 통신은 동일한 주파수 대역을 시간으로 구분해 상향과 하향을 교대로 전환함으로써 실효적 양방향 동시 통신을 실현합니다. 도로로 말하자면 터널 한쪽을 교대로 통행하는 것입니다(그림 2-23 왼쪽). 터널(무선 전송 거리)이 길어지면 입구에서의 대기시간이 길어지는 단점이 있습니다. 한편, 통행량에 따라 통행 시간 비율을 조정할 수 있습니다(단, 바로 옆에 다른 '시분할 이중 통신' 터널이 존재하는 경우 등에는 제약이 있습니다).

실제 통신에서는 1-7절의 '디지털 터널'과 마찬가지로 입구에서 자동차(정보)를 디지털 기술로 시간 방향으로 압축해서 전송하고 출구에서 복원합니다.

주파수분할 이중 통신은 상향 및 하향 전용 터널을 파서 동시에 통행하는 방법입니다(그림 2-23 오른쪽). 대기시간이 발생하지 않으므로 장거리 터널(전송)도 문제없지만, 2개의 터널(주파수 대역)이 필요하기에 폭넓은 도로(굵은 전송로)를 확보하기가 어렵습니다. 5G를 포함한 휴대전화 시스템에서는 이용하는 주파수 대역의 폭(터널 폭)과 전송 거리(터널 길이) 등에 맞게 시분할 이중 통신과 주파수분할 이중 통신이 구분되어 사용됩니다.

그림 2-22   '교호 통화'와 '상호 동시 통화'

그림 2-23   휴대전화의 이중 통신 방식

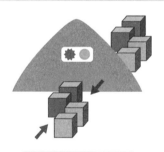

😊 상하선에서 터널 공유

☹ 상하선으로 교대로 통행
⇒ 짧은 터널에 적합

시분할 이중 통신

☹ 상하선에 전용 터널 필요
⇒ 소형차에 적합

😊 상하선으로 동시 통행 가능

주파수분할 이중 통신

Point

✔ 휴대전화는 상향 및 하향 양방향으로 통신한다.

✔ 시분할 이중 통신은 상향과 하향을 시간으로 구분한다. 시간 비율을 변경할 수도
있다. 통신 방향 전환 시 간극 시간이 발생하므로 단거리 전송에 적합하다.

✔ 주파수분할 이중 통신은 상향과 하향을 주파수로 구분한다. 전송 거리가 멀어도
문제없지만, 상향 및 하향 두 개의 주파수 대역이 필요하다.

따라해보기

전파의 도달 범위를 생각해 보자

그림 2-2에서는 주파수가 높을수록 전파의 도달 범위가 짧아진다고 설명했습니다. 또, 그림 2-21에서는 송신 전력을 적당한 세기로 조정해 상대에게 전파가 전달되도록 제어하는 메커니즘을 설명했습니다. 오른쪽 그림은 전파가 거리에 따라 얼마나 약해지는지 평균적인 모델을 사용해 계산한 그래프입니다. 가로축은 전파를 송신하는 안테나(A)로부터의 거리를 나타내고, 세로축은 전파의 감쇠량을 나타냅니다. 수치가 10 증가할 때마다 전파 강도는 10분의 1이 됩니다.

같은 전력으로 송신했을 때, 전파가 그림의 135(일점쇄선) 근처까지 약해지는 거리는 주파수가 28GHz일 때 약 300m(B), 3.5GHz일 때 약 860m(D)입니다. 주파수가 높으면 도달 거리는 짧아집니다[9].

그럼, 500m 지점(C)에서 각각의 전파가 135(일점쇄선)의 강도가 되게 하려면 어떻게 하면 좋을까요? 주파수가 3.5GHz인 선은 C 지점에서 세로 눈금으로 감쇠량이 10 적으므로, 그만큼 전파의 세기를 10분의 1로 줄여 송신하면 딱 맞습니다. 주파수가 28GHz인 전파는 반대로 세로축 눈금으로 10만큼 감쇠량이 많으므로, 어떻게 하면 좋을지 생각해 보세요[10].

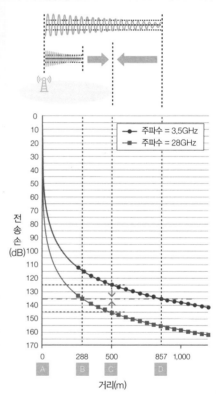

주파수에 따라 변화는 전파의 전달 방식

출처: "평균 건물 높이보다 높은 전송로의 범용 전송 모델 ~ 300MHz부터 100GHz 주파수 범위에서 단거리 옥외 무선 통신 시스템과 무선 근거리 통신망 계획을 위한 전송 데이터 및 예측 방법 ~", ITU-R P.1411-10 (2019)

---

[9]   송신기와 수신기 성능이 같다고 가정하면, 주파수에 따른 전파 방식 차이만 비교한 예입니다.

[10]   28GHz대 전파의 송신 전력을 10배로 합니다.

Chapter 3

5G는 전파의 달인

더욱 전파를 잘 이용하기 위한 5G의 노력

≫ 더 폭넓은 전파를 찾아서

줄어드는 빈 자리

대량의 정보를 무선 통신으로 전송하려면 넓은 주파수 대역이 필요합니다. 하지만, 휴대전화에서 이용하기에 적합한 주파수 대역은 다른 다양한 분야에도 사용되므로, 새로 이용할 수 있는 대역이 한정되어 있습니다(2-2절 참조).

터널에 비유하자면, 낮은 산에는 이미 터널이 잔뜩 뚫려 있어 새로 넓은 도로를 더 낼 수 없는 상황입니다. 이 때문에 새로운 장소인 더 높고 큰 산을 찾아 폭이 넓은 터널을 파고, 머리를 짜내 차선을 많이 설치하기 위한 연구를 계속하고 있습니다(그림 3-1).

미개척지를 찾아서

5G에서는 기존 휴대전화 시스템보다 한층 주파수가 높은 **밀리파 대역**[1] 주파수로 수백 MHz의 **폭넓은 대역폭을 이용한 고속 전송**을 실현합니다. 그림 3-2는 4세대(LTE)와 5세대(NR) 휴대전화 시스템의 국제표준규격으로 기재된 전세계 주파수 대역을 나타낸 것입니다. 덧붙여 그림에 사용한 눈금은 로그로 나타낸 주파수입니다[2].

4세대(그림의 회색 선)에서 이용하는 주파수 대역은 6GHz보다 낮은 대역이지만, 5G(파란색 선)에서는 30GHz 부근에 새로 수백 MHz 폭이 넘는 주파수 대역이 이용 대상 대역으로 추가되었습니다.

밀리파 대역의 전파를 다루려면 고도의 기술과 소비 전력 저감 방법이 필요하기 때문에, 5G에서는 최첨단 기술로 경제적으로 통신합니다. 또 산에 터널을 뚫을 때 자연환경을 보호하기 위해 배려하는 것처럼 이 대역을 이용하는 위성통신이나 전파천문을 비롯한 기타 무선 시스템과 공존할 수 있도록 주의 깊게 5G를 설치하고 운용하고 있습니다.

다음 절에서는 전파의 대역폭뿐만 아니라 효율적으로 통신할 수 있도록 5G에 도입된 기술을 몇 가지 설명하겠습니다.

---

1 주파수가 30GHz(파장 10mm) ~ 300GHz(파장 1mm)로 매우 높고, 파장이 mm의 단위 길이의 대역입니다.
2 1MHz, 1GHz는 각각 1초에 100만 회와 10억 회의 진동입니다.

그림 3-1 미개척지인 높은 산에 넓은 터널을 뚫는다

그림 3-2 국제 표준 규격(휴대전화)의 주파수 대역(로그 눈금)

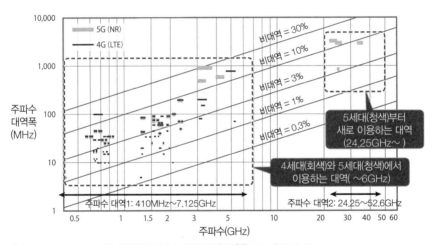

출처 : • 3GPP TS 36.101, '유저 장치의 무선 송수신 특성 규정(LTE용)'(V.15.4.0) 2018-10
 • 3GPP TS 38.101-1, '유저 장치의 무선 송수신 특성 규정(5G 신무선 방식용 1, 주파수 영역 1 · 독립 운용 형식)』
  (V.15.3.0) 2018-10
 • 3GPP TS 38.101-2, "유저 장치의 무선 송수신 특성 규정(5G 신무선 방식용 2, 주파수 영역 2 · 독립 운용 형식)』
  (V.15.3.0) 2018-10 (URL: https://www.3gpp.org/)

Point

✔ 5G에서는 더 넓은 주파수 대역을 이용하므로 높은 주파수 대역도 활용한다.

✔ 밀리파 대역을 이용할 때는 고도의 최신 기술과 소비 전력 저감 방식을 도입한다.

✔ 같은 대역을 이용하는 다른 시스템과의 공존을 전제로 설치 · 운용된다.

≫ 전파를 묶어서 전송한다

어쩔 수 없는 선택

그림 3-3은 그림 3-2를 일반 눈금(선형 눈금)으로 다시 작성한 것입니다. 그림을 보면, 어떤 양의 정보를 전송할 때 필요한 전파의 폭(주파수 대역폭)은 전송에 사용되는 전파의 주파수 높낮이에 관계없이 동일하지만, 고속 전송에 필요한 넓은 대역을 낮은 주파수 대역에서 만들어 내기가 매우 어려움을 알 수 있습니다.

이웃과 거리두기

소리가 큰 악기를 연습하려면, 서로 거리를 두거나 벽으로 칸막이를 한 개인 연습실로 들어가야 합니다(그림 3-4 ⓐ, ⓑ). 또 여러 명이 합주할 때는 넓고 음향이 좋은 방과 두터운 벽이 필요합니다. 천장이나 벽에 의해 소리가 왜곡되지 않게 하면서 음향이 좋고 넓은 방을 만들기 위해서는 진보된 소재나 건축 기술이 필요합니다(그림 3-4 ⓒ).

전파도 마찬가지로 이웃 주파수 대역에서 다른 일을 하는 전파와 혼신을 피하면서 **대역을 함께 이용**하려면 일정한 간격(**가드 밴드**, guard band)이 필요합니다. 불필요한 간격을 좁히기 위해서는 사이를 구분하는 성능이 뛰어난 벽(필터)이 필요합니다. 더 넓은 대역에서 정보를 전송하는 경우에도 가능한 한 벽을 얇게 만들고 정보를 보내는 대역 내 왜곡을 억제할 필요가 있으며, 성능이 뛰어난 부품 소재와 적절한 기술 채택이 중요합니다.

묶어서 전송하기, 좀더 확장하기

4세대 시스템(4G)에서는 정보를 보내는 전파를 20MHz 폭을 단위로 하고, 필요한 경우 그것을 여러 개 묶어서 사용하는 **캐리어 어그리게이션**[3] 시스템을 도입했습니다. 5G에서는 더 높은 주파수 대역을 이용해 최대 400MHz로 묶고 이를 최대 16개까지 모아서 전송하는 시스템을 도입했습니다. 이처럼 새로운 소재 기술이나 높은 주파수 이용 기술을 적용함으로써 초고속 전송이 가능해졌습니다.

---

3 정보를 전송하는 전파(Carrier)를 묶는(Aggregation) 것에서 붙여진 호칭입니다.

그림3-3 국제 표준 규격(휴대전화)의 주파수 대역(선형 눈금)

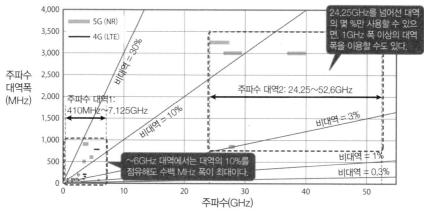

출처 : • 3GPP TS 36.101, "사용자 장치의 무선 송수신 특성 규정(LTE용)" (V.15.4.0) 2018-10
   • 3GPP TS 38.101-1, "사용자 장치의 무선 송수신 특성 규정(5G 신 무선 방식용1, 주파수 영역1 · 독립 운용 형식)" (V.15.3.0)
     2018-10
   • 3GPP TS 38.101-2, "사용자 장치의 무선 송수신 특성 규정(5G 신 무선 방식용2, 주파수 영역 2 · 독립 운용 형식)" (V.15.3.0)
     2018-10 (URL: https://www.3gpp.org/)

그림3-4 큰 소리를 내기 위해서는 넓은 방과 차음벽이 필요

ⓐ 서로 거리를 둔다.

ⓑ 개인실로 나눈다.

ⓒ 합주로 큰 소리를 내기 위해서는 넓은 방과 성능이 좋은 방음벽이 필요하다.

Point

✔ 고속 전송을 위해서는 넓은 대역을 이용할 수 있는 높은 주파수 대역이 유용하다.

✔ 넓은 대역에서의 정보 전송에는 전송 대역 내 왜곡이 적고 인접 주파수 대역에 대한 전파 간섭을 억제할 수 있는 고도의 부품 소재와 그 이용 기술이 필요하다.

✔ 5G에서는 기존보다 몇 배 넓은 대역을 이용한다. 또한, 이를 여러 묶음으로 묶어서 전송함으로써 초고속 정보 전송이 가능하다.

≫ 전파를 재사용한다

이웃과 다른 주파수를 사용한다

그림 1-10에서 핸드오버에 관해 이야기할 때 "셀룰러 방식"이라는 단어를 언급했습니다. 하나의 기지국은 각각 전파가 닿는 영역을 수비 범위로 하고, 이 영역을 셀이라고 부릅니다.

일반적으로 인접 셀끼리는 전파가 혼신되지 않도록 서로 다른 주파수를 이용합니다[4]. 그림 3-5처럼 셀1 기지국은 주파수1로 통신하고, 인접한 셀2에서는 주파수2, 셀3에서는 주파수3을 사용해 서로 인접 셀과 다른 주파수로 통신합니다.

셀1에서 통신하던 휴대폰이 인접 셀2로 이동하려면, 핸드오버로 인접 기지국에 '바통 터치'하는 순간, 매우 짧은 시간에 주파수를 1에서 2로 전환하여 통신을 계속합니다.

한 집 건너 재사용한다

그림 3-5를 잘 살펴보면, 셀1에서 송신된 주파수1의 전파는 기지국에서 멀어질수록 감쇠합니다. 전파가 셀2를 통과하여 셀3의 경계까지 도달할 즈음에는 매우 약해져 있습니다.

이러한 전파의 성질을 이용하여 그림 3-6처럼 셀1에서 사용한 주파수1을 하나 건너 그 옆에 있는 셀3에서 재활용(재사용)할 수 있습니다. 이용하는 주파수 대역이나 송신 전력, 전송 속도 등에 따라 전파가 좀 더 멀리까지 도달할 수도 있어, 그런 경우에는 주파수를 재사용하는 셀의 간격을 길게 하기도 합니다.

이처럼 주파수를 재사용하면 많은 휴대전화를 한정된 전파(주파수의 폭)로 수용할 수 있게 되므로 통신 시스템 전체에서 **주파수 이용 효율**을 대폭 개선할 수 있습니다.

---

4 1-8절에서 설명한 부호 다중 전송 기술 등을 이용하면, 일정한 조건으로 인접하는 셀에서 같은 주파수를 사용할 수도 있습니다.

그림 3-5 이웃과는 다른 주파수를 사용한다

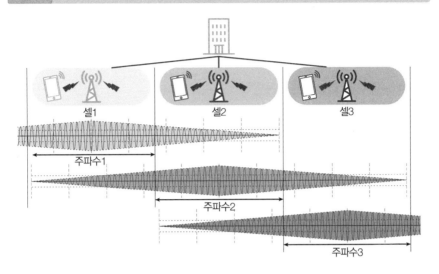

그림 3-6 한 셀 건너서 같은 주파수를 재사용한다

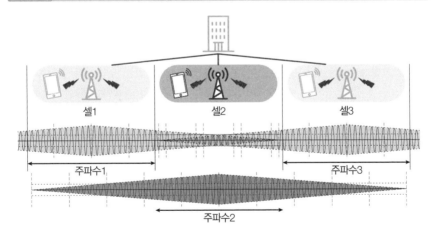

Point

✔ 이웃하는 셀에서는 서로 다른 주파수의 전파로 통신을 한다.

✔ 통신 중에 옆 셀로 이동하는 순간에 주파수를 자동으로 전환한다.

✔ 전파가 닿지 않는 거리에 있는 셀끼리는 같은 주파수를 재사용하여 시스템 전체 주파수의 이용 효율을 대폭 개선할 수 있다.

» 가까운 곳끼리 서로 돕는다

한 기지국에서 두 주파수를 사용한다

주파수 이용 효율을 한층 더 개선해 보겠습니다. 3-3절에서는 '이웃 셀끼리는 서로 다른 주파수로 통신한다'라고 설명했지만, 이번에는 이웃 셀과 협조하여 전파(주파수)를 서로 융통하는 시스템에 관해 이야기하겠습니다.

그림 3-7에서는 셀1과 셀2 기지국은 각각 주파수1과 2, 주파수1과 3을 사용해 통신합니다. 각 셀(기지국)은 다시 큰 셀과 작은 셀로 구성되어 있으며, 작은 셀은 기지국과 비교적 가까운 영역을 커버하고 큰 셀은 이웃 기지국 '영역' 경계까지 커버합니다. 한 기지국에서 크고 작은 두 종류의 셀 안에 있는 두 대의 휴대전화와 다른 주파수를 써서 통신할 수 있습니다.

이처럼 셀을 '2단'으로 구성한 것을 **오버레이**라고 부릅니다.

이웃과 같은 주파수를 서로 융통한다

작은 셀은 전파의 전송거리가 짧고 감쇠량이 작아서, 기지국에서 적은 송신 전력으로도 통신할 수 있습니다. 이 전파는 작은 셀 영역 안에 있는 휴대전화 통신에는 충분하지만, 큰 셀의 영역을 넘어 이웃 셀에 있는 작은 셀의 경계에 도달할 때는 감쇠되고 맙니다.

이러한 전파의 특성을 이용하면, 옆 기지국의 작은 셀에서도 같은 주파수를 재사용할 수 있습니다. 큰 셀끼리는 셀 경계 부근의 혼신을 피하기 위해 서로 다른 주파수로 통신합니다.

이와 같이 양쪽 셀을 '2단'으로 구성하고 **작은 셀 쪽에서 공통 주파수를 이용**하면, 효율적으로 주파수를 재활용하여 사용할 수 있습니다. 또 같은 주파수를 이용하는 셀 사이의 전송 조건이 변한다거나 휴대전화의 이동 등으로 혼신이나 간섭이 발생하는 경우, 기지국끼리 연계하여 각각의 셀 내의 정보를 공유해 송신 전력을 조정하거나 혼신되지 않는 주파수로 전환하는 시스템(**셀 간 협조**)도 준비되어 있습니다.

그림 3-7 **이중 셀 구성으로 주파수를 서로 융통한다**

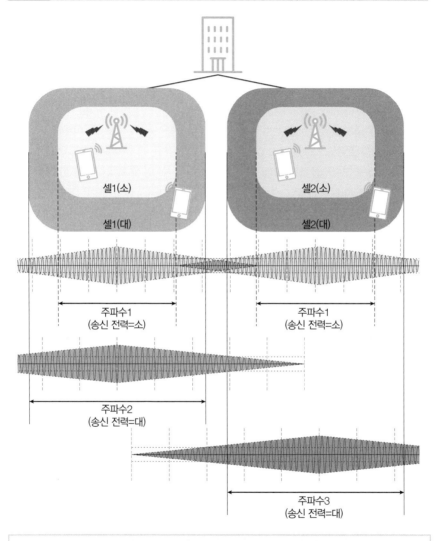

셀1(소)

셀1(대)

셀2(소)

셀2(대)

주파수1
(송신 전력=소)

주파수1
(송신 전력=소)

주파수2
(송신 전력=대)

주파수3
(송신 전력=대)

Point

✔ 크고 작은 두 종류의 이중 셀 구조로 통신하는 것을 오버레이라고 한다.

✔ 작은 셀 통신에서는 송신 전력을 조정함으로써 인접 셀의 작은 셀에 대한 혼신을
줄이고 같은 주파수를 사용한 통신이 가능해진다.

✔ 휴대전화 이동에 따른 혼신 등이 발생하지 않도록 기지국끼리 연계해 주파수를 전
환한다.

» 여럿이서 합창하기, 함께 듣기

두 개의 안테나로 송신해 본다

2개의 안테나(1과 2)를 길이가 d인 끈으로 연결해 세우고(그림 3-8 ⓐ), 서로 반대 극성의 전파를 내보냅니다. 멀리 떨어진 곳(안테나3)에서는 두 전파의 마루와 골이 서로 상쇄하여 아무것도 수신되지 않습니다. 끈을 연결한 채 안테나2를 L_1만큼 오른쪽으로 밀면(ⓑ) 전파가 겹쳐진 상태가 바뀌어 수신할 수 있게 됩니다. 안테나2를 전파 파장의 절반 거리(L_2)만큼 더 밀면 두 전파의 마루와 마루, 골과 골이 겹쳐 서로 강하게 만들어 정확히 2배(최대) 크기로 도달합니다(ⓒ).

각도를 변경해 본다

그림 3-9는 안테나1과 2가 세로로 정렬되도록 그림 3-8의 세 가지 그림을 회전시켜 다시 배열한 것입니다. 두 개의 안테나에서 보는 방향에 따라 전파의 도달 결과가 0에서 2배(최대)까지 변화한다는 것을 알 수 있습니다. 이처럼 두 안테나로 보내는 신호의 진폭과 위상을 조정하면, 제로와 최대 방향(각도)을 제어할 수 있습니다(빔 포밍). 또 안테나 수를 늘리면 최대 방향으로 도달하는 전파의 강도를 더욱 강하게 만들 수 있습니다. 이처럼 안테나를 일정 간격으로 배열해 이용하는 구조를 배열 안테나라고 부릅니다. 또, 복수의 안테나로 수신한 전파를 어긋나게 하면서 합성함으로써, 특정 방향에서 오는 전파를 선택적으로 수신할 수도 있습니다.

가로, 세로, 사선 방향으로 제어한다

5G에서 파장이 짧은 밀리미터파 대역을 이용하는 경우, 짧은 안테나 소자를 이용할 수 있기 때문에 다수의 소자를 배열해도 작은 크기로 해결됩니다. 이 때문에 안테나 소자를 가로 세로 격자 형태로 배치하여, 송수신하는 전파가 최대가 되는 방향을 가로 세로로 제어할 수 있는 초다소자 안테나를 사용할 수 있습니다.[5]

---

[5] 배열 안테나처럼 여러 안테나를 사용하는 송수신 방법으로는 MIMO(Multi Input Multi Output)가 있습니다. '다른 정보를 다른 음색의 신호'로 복수의 안테나에서 송신하고, 수신하는 쪽에서 '음색에 의한 울림(전파 상황)' 차이를 이용해 각각의 정보를 구별해 수신하는 기술입니다. 원리는 다르지만, 이중창에서 소프라노와 알토가 다른 가사를 노래해도 구별되는 것과 비슷합니다.

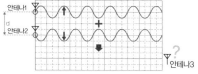

그림 3-8 두 개의 안테나에서 동시에 전파를 발사한다

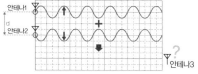

ⓐ 전파가 상쇄되어 아무것도 전달되지 않는다.

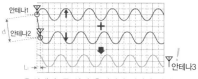

ⓑ 안테나2를 약간 움직이면 전파가 전달된다.

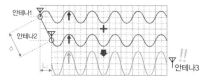

ⓒ 안테나2를 더 움직이면 서로 강하게 만들어 최대가 된다.

그림 3-9 방향에 따라 전파가 도달하는 형태가 변한다

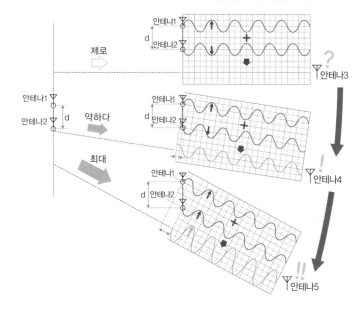

Chapter

3

여럿이서 합창하기, 함께 듣기

Point

✔ 복수의 안테나 소자를 이용해 방향을 정하고, 전파를 선택적으로 송수신하거나 제거할 수 있다.

✔ 5G에서는 파장이 짧은 밀리파 대역을 사용할 수 있으므로, 짧은 안테나 소자를 다수 배치해 가로 세로 사선 방향으로 자유롭게 통신을 제어할 수 있다.

≫ 약간의 '지연'은 미리 반영한다

잔향이 많으면 알아들을 수가 없다

잔향이 큰 파이프를 통과한 목소리나 에코가 많이 들어간 옥외 방송은 잔향끼리 간섭해 매우 알아듣기 어렵습니다(그림 3-10).

무선 통신 전파에는 송신 지점에서 수신 지점에 직접 도달하는 전파(선행파)도 있고, 조금 떨어진 건물 벽면 등에 반사되어 조금 늦게 도달하는 전파(지연파)도 있습니다. 이러한 상태를 **다중 경로 전파**라고 하며, 선행파와 지연파가 서로 간섭하면 정확한 정보를 수신하기가 어려워집니다.

그림 3-11은 선행파와 시간 τ만큼 지연되어 도착하는 지연파가 겹쳐서 수신되는 모습을 나타냈습니다. 그림의 왼쪽과 같이 앞뒤 문자가 겹쳐서 읽을 수 없습니다. 늦은 시간만큼 문자 간격을 벌려 봐도(그림 오른쪽) 같은 문자 정보가 겹쳐서 바르게 판독할 수 없습니다.

약간의 '지연'은 미리 반영한다

"직교 주파수 분할 다중"(1-9절 참조)에서는 그림 3-12처럼 전송할 문자 정보를 한 문자씩 시간축 방향으로 늘리고 시간을 곱해서(주파수 방향은 그만큼 압축) 정보를 전송합니다. 그때, 직전의 문자 정보와의 사이에 **가드 구간**이라고 부르는 간격을 준비합니다. 가드 구간 길이는 지연파가 지연되는 시간만큼 확보합니다.

다중 경로 전파가 발생하여 지연파(그림에서 파란색 글자)가 중첩 수신되더라도, 가드 구간 범위이면 전후의 다른 문자와 간섭되지 않고, 또 문자가 겹친 부분도 시간 방향으로 다시 압축하면 읽어낼 수 있습니다[6].

5G에 적용되는 직교 주파수 분할 다중화는 이용되는 환경에 적응하여 복수의 가드 구간을 구분할 수 있게 되어 있습니다.

---

6 실제 통신 시스템에서는 동일 정보 문자(심벌) 내 다중 경로 전파 간섭의 영향은 전파의 진폭과 위상을 일정량 시프트 하는 것만으로 보정되는 성질을 이용합니다.

그림 3-10 잔향이 많으면 알아들을 수 없다

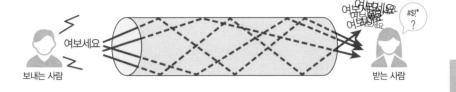

여보세요

보내는 사람

여보세요
여보세요
여보세요

#\$!*
?

받는 사람

3 Chapter

약간의 '지연'은 미리 반영한다

그림 3-11 선행파와 지연파가 겹치면 바르게 수신할 수 없다

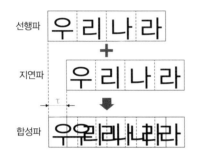

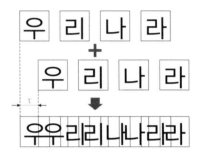

그림 3-12 가드 구간(τ)를 설정해서 약간의 지연을 미리 반영한다

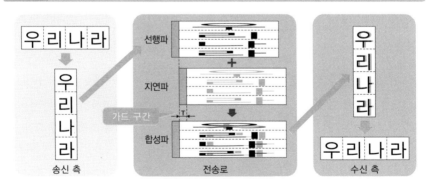

Point

✔ 다중 경로 전파에서는 선행파와 지연파가 간섭하여 수신을 방해한다.

✔ 직교 주파수 분할 다중에서는 가드 구간을 설치하여 지연파의 영향을 흡수한다.

✔ 5G에서는 사용 환경에 따라 복수 길이의 가드 구간을 선택할 수 있다.

≫ '감축 운행'으로 절약하고, 가는 김에 볼일 보기

'사용하지 않을 때'의 동작

전화나 메일 애플리케이션이 동작할 때 배터리에 충전된 전력을 사용합니다. 사실은 '아무 일도 하지 않을 때'에도 무선 통신에서는 착신 신호 감시 등을 위해 **대기**라고 불리는 수신 동작을 합니다(5-9절에서 더 구체적인 5G의 메커니즘에 관해 설명합니다).

다만, 연속으로 수신 동작을 하면 배터리 소모가 빨라지므로, 미리 정해진 간격과 타이밍에 수신하는 **간헐 수신**으로 평균 소비 전력을 낮추는 기술을 사용하고 있습니다. 간헐 수신 간격이 길어질수록 평균 소비 전력은 낮아집니다. 하지만, 너무 길어지면 착신 응답이 오래 걸리고 긴급한 지진이나 해일 경보 등 재난 정보 수신이 지연되기도 합니다. 예를 들어, 일반적인 용도로는 수신 간격을 1.25초로 설정합니다. 착신 신호를 감시하고자 수신을 시작할 때는 겸사겸사 **주변에 있는 다른 기지국의 전파 강도도 측정**하여, 좀 더 양호하게 수신할 수 있는 전파가 있는지 효율적으로 감시합니다.

간헐 수신 타이밍에 자신에게 오는 착신 신호가 잡히면, 연속 수신으로 전환해 통신을 시작합니다(그림 3-13).

하나의 배터리를 공동으로 이용

휴대전화 배터리에 충전된 전력은 전파의 송수신 이외에도 다양한 애플리케이션 처리 등에 사용됩니다. 그림 3-14는 가득 충전된 배터리의 전력을 연속 통화 시간, 연속 대기 시간 그리고 애플리케이션의 동작 및 표시 외의 세 가지로 나누어 계산한 예입니다.

실제 전력 소비는 사용하는 방식이나 주변 조건에 따라 달라지기 때문에, 그림과 같은 삼각형 평면을 따라 단순하게 배분되지는 않습니다. 그림에서는 3일간(72시간) 대기, 애플리케이션 9시간(하루에 3시간), 송수신(통화나 애플리케이션을 사용한 통신) 합계 2시간 조금 넘는 이용 시간 배분의 예를 나타내고 있습니다.

그림 3-13 대기 중 간헐 수신

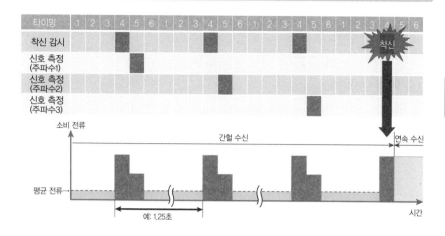

그림 3-14 휴대전화 단말의 이용 시간 배분의 계산 예

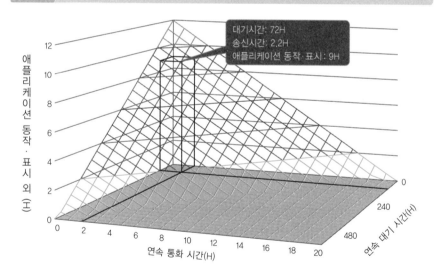

Point

✔ 휴대전화는 사용하지 않을 때도 수신 동작을 하며 대기한다.

✔ 착신 감시는 간헐 수신으로 해서 평균 소비 전력을 저감한다.

✔ 간헐 수신 간격은 착신 응답이나 긴급 통지 등을 적절한 시간 내에 처리할 수 있게 정해진다.

>> '긴급하고 중요한 물건'은 빠른 등기로 운반한다

'고속'인데 느리다?

그림 3-15는 전송로 오류에 대처하기 위한 오류 정정, 인터리빙, 오류 검출과 재전송을 나타낸 그림(그림 2-18)을 실제 전파로 전송하는 시간을 더해 다시 작성한 것입니다. 송신 측에서는 일련의 처리가 4문자마다 실행되어 12문자 분량의 정보가 전파로 송신됩니다. 수신 측에서는 12문자를 모두 수신하고 나서 정보를 원래대로 복원하는 처리를 하게 됩니다. 그림의 "무선 프레임의 처리 단위 시간"은 수신 처리에 필요한 12자를 전파로 전송하는 데 걸리는 시간을 나타냅니다.

정보를 송신한 후 수신 측에서 정보를 수신할 때까지의 시간이 늦어지면 문제가 되는 경우가 있습니다. 예를 들면, 기계를 제어하기 위한 통신 등 빠른 응답이 필요한 용도에서는 무선 프레임 처리 단위 시간을 짧게 하여 **저지연으로 전송**하는 것이 중요합니다.

짧은 '무선 프레임 처리 단위 시간'으로 저지연 · 고신뢰 전송

그림 3-16은 2세대 이후 디지털 통신을 이용한 휴대폰 시스템 몇 가지에 대해서 '무선 프레임 처리 단위 시간'을 나열한 것입니다.

처리 단위 시간은 세대가 올라갈수록 짧아집니다. 5G에서는 가장 짧은 시간이 1초의 4000분의 1인 0.25ms까지 단축되어, 무선 통신을 1ms[7] 이내로 완료하는 저지연 전송이 가능해졌습니다.

또 확실한 정보 전송이 필요한 용도로 고급 오류 정정 기술과 짧은 '무선 프레임 처리 단위 시간'을 결합하여 1ms 이내에 99.999%의 성공 확률로 **고신뢰 정보 전송**을 실현하는 기술(고신뢰 전송)이 도입되었습니다.

---

7 1ms는 1초의 1000분의 1입니다. 0.25ms는 다시 그 4분의 1에 해당합니다.

그림3-15 무선 프레임의 처리 단위 시간 길이

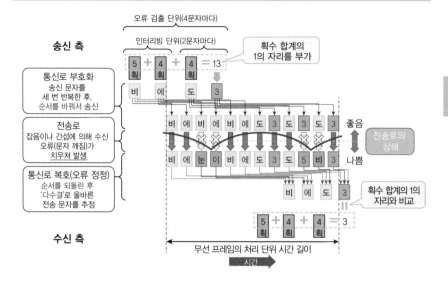

그림3-16 통신 시스템의 무선 프레임 처리 단위 시간

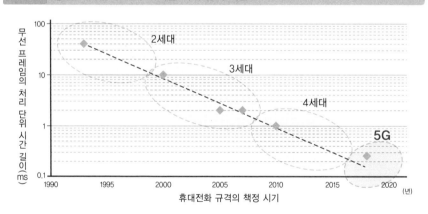

Point

✔ 정보는 일정 길이의 '무선 프레임 처리 단위'로 전송된다.

✔ 수신 측에 정보가 도달되기까지 '무선 프레임 처리 단위'의 시간이 필요하다.

✔ 정보 전송 시에 고속 응답이 필요한 기계 제어 등에서는 짧은 '무선 프레임 처리 단위'가 중요하다. 5G에서는 최단 1초의 4000분의 1.

≫ 정보를 확실하게 전달한다

복권에 당첨되지 않는 확률만큼 확실한 것

갑자기 꿈을 깨는 이야기를 해서 죄송하지만, 10만 장 중에 한 장뿐인 복권 1등에 당첨되지 않을 확률(기댓값)은 1−(1÷10만)으로 99.999%입니다. 다만, 절대로 당첨이 되지 않는 것이 아니라, 10만분의 1의 비율, 즉 0.001%의 확률로 1등에 당첨됩니다.

앞 절에서는 1ms 동안 99.999%의 확률로 오류없이 정보를 전송하는 이야기를 했는데, 여기서는 재전송(2-10절 참조)했을 때의 효과에 대해 **고신뢰 전송** 관점에서 다시 한번 설명하겠습니다.

'조커'가 나오지 않을 때까지 반복한다

조커가 1장 포함된 10장의 카드 중 1장을 임의로 선택하는 경우를 생각해 보겠습니다(그림 3-17 왼쪽). 조커를 뽑으면 '실패', 나머지를 '성공'이라고 하면, 첫 번째에 실패할 확률은 10%입니다. 실패하면 조커를 다시 돌려놓습니다. 첫 번째에 이어서 두 번째도 실패할 확률은 10%의 10분의 1로 1%입니다. 연속으로 실패할 확률은 10분의 1씩 작아지고, 5회 연속 실패할 확률은 0.001%, 5회차까지 성공할 확률은 총 99.999%입니다.

재전송에 의한 정보 전송도 마찬가지로, 90%의 확률로 올바르게 정보가 도달하는 전송을 5회 반복하면 5회 이내에 99.999% 확실하게 정보를 전송할 수 있습니다(그림 3-17 오른쪽).

재전송 횟수를 더 늘리면 올바르게 정보를 전송할 수 있는 확률이 100%에 가까워지지만, 재전송하는 만큼 긴 시간이 필요합니다. 또, 1회의 전송으로 올바르게 정보를 전송할 수 있는 확률을 높이면, 더 적은 재전송 횟수로 전송을 성공적으로 마칠 수 있는 확률도 증가합니다.

5G에는 재전송 처리 시간을 기존보다 짧게 줄일 수 있는 시스템이 준비되어 있어, 고도의 오류 정정 기술과 조합하여 단시간에 높은 확률로 오류 없이 정보를 전송(고신뢰 전송)할 수 있게 되었습니다.

그림 3-17　조커가 나오지 않을 때까지 반복한다

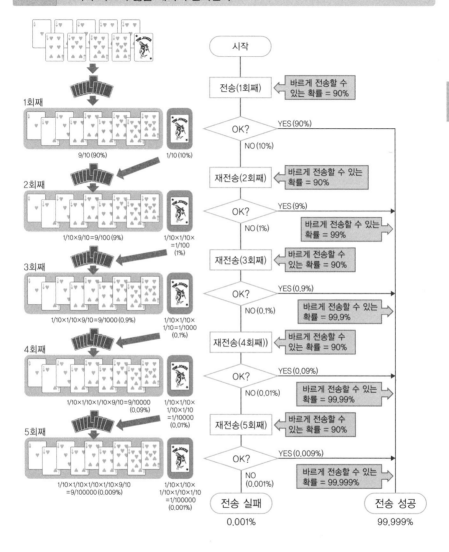

Point

✔ 재전송을 반복하면 오류 없이 정보를 전송할 확률은 100%에 가깝다.

✔ 한 번의 전송으로 오류 없이 전송할 확률이 높아지면, 적은 재전송 횟수로 오류 없이 정보를 전송할 확률도 높아진다.

✔ 5G는 기존보다 짧은 시간에 재전송 처리를 수행하고 신뢰할 수 있는 전송을 한다.

≫ 소란스러운 교실이 되지 않기 위해서

손을 들고 지명되면 발언한다

수업 중에 학생이 발언하고자 할 때는 먼저 손을 들고 선생님이 지명한 후에 발언합니다. 동시에 제각기 말하기 시작하면, 교실은 와글와글 소란스러워지고 도저히 수업을 진행할 수 없을 것입니다(그림 3-18).

휴대전화 통신망에서도 각각의 휴대전화가 저마다 신호를 기지국에 보내고 싶을 때 마음대로 송신을 시작한다면, 서로 혼선이 되어 아무도 통신할 수 없게 됩니다.

도착 순서대로 연결하고 빈 순서대로 배정

기지국 하나가 담당하는 하나의 영역에는 많은 휴대전화가 있으며, 제각기 통신을 시작하거나 정지합니다. 이들이 질서정연하고 효율적으로 통신하기 위해, 통신이 시작될 때에 전파를 교통정리하는 기술을 **랜덤 액세스 제어**라고 부릅니다.

트럭이 배송 센터에서 질서정연하게 효율적으로 짐을 내리는 방법을 예로 설명하겠습니다(그림 3-19). 차례로 도착한 트럭은 배송 센터 입구에서 일단 멈춰 경적을 울려 도착했음을 알립니다. 배송 센터에서는 비어있는 컨베이어 벨트를 지정해 트럭을 순서대로 유도하고 물건을 내리기 시작합니다.

실제 휴대전화 시스템에서는 각각의 휴대전화기가 데이터(화물)를 송신하고자 하는 타이밍에 표식 전파(경적)를 기지국에 보내 알립니다. 5G에서는 표식 전파가 여러 개 준비되어 있어, 동시에 여러 휴대전화로부터 표식 전파가 도착해도 기지국에서 각각 알아들을 수 있게 고안되어 있습니다. 알아낸 표식에 따라 비어 있는 전파를 휴대전화에 할당하면, 각 휴대전화는 할당된 전파의 주파수와 대역을 사용하여 실제 데이터를 전송하기 시작합니다.

5G에서는 가능한 한 많은 휴대전화의 데이터 전송 요청을 효율적이고 공평하게 처리할 수 있게 하는 교통정리 시스템이 정비되어 있습니다.

그림 3-18 손을 들고 발언한다

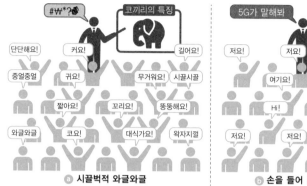

ⓐ **시끌벅적 와글와글**

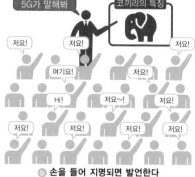

ⓑ **손을 들어 지명되면 발언한다**

그림 3-19 짐 내리는 곳을 교통정리한다

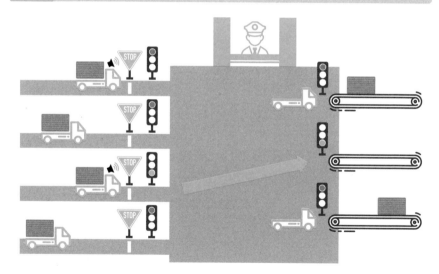

Point

✔ 휴대전화가 정보를 전송할 때는 기지국에 표식 전파를 보내 알리고, 정보를 전송할 전파를 지정받은 후 데이터 전송을 시작한다.

✔ 표식 전파는 여러 개 준비되어 있으며, 중첩 송신되어도 각각 구분해 전파를 효율적으로 지정하는 시스템이 준비되어 있다.

» 아주 많이 다룬다

반을 나눈다

앞에서는 수업 중에 학생이 발언하는 경우를 이야기했습니다. 이번에는 학생이 많아지면 어떻게 해야 하는지 설명하겠습니다.

큰 교실에 많은 학생을 모아둘 수는 있지만, 손을 드는 학생이 많아지면 선생님이 지명하기 힘들고, 발언 순서가 돌아오기까지 시간도 오래 걸립니다. 더 많은 학생에게 발언 기회를 제공하려면, 교사를 늘리고 별도의 교실에서 수업하는 방법이 효과적입니다(그림 3-20).

소화물 배송 센터를 많이 설치한다

매우 많은 수의 사물과 사물 통신을 제공하는 시스템이 5G에서 제공됩니다(1-2절 참조). 그림 3-21은 그림 3-19와 비슷한 화물 배송 센터를 보여줍니다. 다만, 이번에는 트럭이 아니라 이륜차나 도보로 비교적 작은 짐을 운반하는 다수의 소화물 이용자가 대상입니다.

개별 화물이 작아서 입구 도로 폭도 좁고 짐을 운반하는 컨베이어 벨트도 소형이지만, 그 수가 매우 많습니다. 화물(정보)을 배송하는 방법은 그림 3-19와 같습니다. 이처럼 소화물 배송 센터를 많이 열어서 지역에 필요한 수만큼 배치하면, 단위 면적당 매우 많은 이용자의 물건을 맡아서 운반할 수 있게 됩니다.

5G의 사물 통신도 아이디어는 동일합니다. 다수의 사물 통신을 제공하기 위해, 폭이 좁은 전송로를 많이 준비한 기지국을 지역 수요에 맞게 높은 밀도로 배치[8]함으로써, 1제곱 킬로미터당 100만이 넘는 수의 사물(센서 등)과 **다수 접속**이 가능합니다.

---

8 5G에서는 500m 간격으로 기지국을 배치하고 180kHz 폭의 전파를 사용하면, 1제곱 킬로미터당 300만 개가 넘는 사물을 수용할 수 있다는 예상 견적을 얻을 수 있습니다.

그림3-20 학생이 많을 때는 반을 나눈다

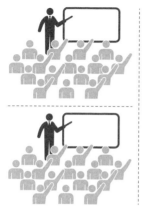

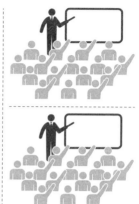

그림3-21 소화물 배송 센터를 많이 설치한다

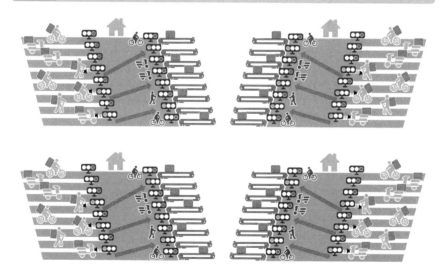

Point

✔ 다수의 소화물(저속 데이터) 이용자(사물)를 수용하기 위해, 좁은 전송로를 많이 제
공하는 무선 네트워크를 필요한 지역에 밀도 높게 설치한다.

따라해보기

작은 셀에서 이용할 대역폭비를 계산한다

2장의 '따라해보기'에서는 주파수에 따라 전파 도달 거리가 바뀌는 것과 어떤 거리에 적합한 세기로 전파가 도달하도록 송신 전력을 제어하는 것을 생각했습니다. 또, 3-4절에서는 2단 셀 구성(오버레이)에 관해 설명했습니다.

여기서는 주파수가 다른 전파로 휴대전화의 셀을 구성하면 어떻게 되는지 생각해 보겠습니다. 2장의 '따라해보기'에서 제시한 그림의 조건으로는 3.5GHz대의 전파로 약 860m, 28GHz대의 전파로 약 300m가 전파의 도달 거리가 됩니다. 반경 860m와 반경 300m인 원을 그려 큰 원 안에 작은 원을 채우면 다음 그림과 같이 됩니다. 각 원의 중심에 휴대전화 기지국을 설치하면 크고 작은 2종류의 휴대전화 셀이 오버레이된 구성을 바로 위에서 본 그림이 됩니다.

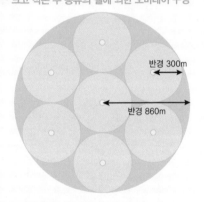

크고 작은 두 종류의 셀에 의한 오버레이 구성

반경 300m

반경 860m

반경 860m인 큰 셀 한 개와 반경 300m인 셀 7개로 통신에 사용되는 대역폭비를 아래 표를 통해 보겠습니다. 작은 셀은 큰 셀보다 8배 높은 주파수 대역을 사용하기 때문에 통신에 이용하는 대역폭이 전파의 주파수에 비례한다고 가정하면 작은 셀 대역폭은 8배가 됩니다[9]. 작은 셀의 개수는 7이므로 전체 작은 셀에서 이용하는 대역폭의 합계는 7배인 8 × 7이 됩니다. 기지국 설치 수는 증가하지만, 높은 주파수 대역의 전파를 사용하는 셀 구성에서는 넓은 대역을 활용한 대용량 고속 통신을 제공할 수 있습니다[10].

큰 셀과 작은 셀에서 이용하는 대역폭 비교

주파수	주파수 비율	대역폭비	기지국 수	전대역폭(비율)
3.5GHz대	1	1	1	1
28GHz대	8	8(가정)	7	

9 전파는 다양한 용도로 이용되므로 각각 주파수 이용 상황 등에 따라 이용할 수 있는 실제 대역폭은 제한됩니다.

10 실제로는 인접한 셀끼리 혼선되지 않도록 각각의 셀에서 다른 주파수를 이용하는 등의 연구도 필요합니다. 또 그림에 보이는 작은 셀의 틈새 영역도 커버하려면 셀을 추가해야 합니다.

Chapter 4

5G 네트워크

5G의 성능을 최대한 끌어내는 코어망의 구조

5G Network

≫ 휴대전화 시스템의 숨은 주역

숨은 주역

그림 4-1과 그림 4-2는 1세대 휴대전화 시스템(자동차전화)에서 핸드오버와 자신의 위치를 알리는 메커니즘에 관해 1-6절에서 설명했던 그림을 조금 현대풍으로 다듬어 다시 게재한 것입니다.

그림에는 2개의 기지국에 접속해 통신하는 기지국을 전환하거나 착신 시 호출하는 건물(설비)이 그려져 있습니다. 이것이 휴대전화 시스템의 숨은 주역인 핵심 네트워크입니다. **코어망**이라고 해서 시스템의 핵심(중심) 역할을 하지만, 휴대전화 이용자와는 거리가 먼 존재입니다. 이 장에서는 코어망의 구조와 역할을 중심으로 이야기를 진행합니다.

태생은 전화교환기

휴대전화 시스템은 원래 이동하지 않는(고정) 전화기를 연결하는 전화교환기에 무선으로 통신하는 전화기를 연결하는 형태로 발전해 왔습니다. 전화교환기의 동작에 대해서는 다음 절 이후에 설명하겠지만, 유선전화와 휴대전화의 결정적인 차이점은 휴대전화가 '이동'한다는 점입니다.

유선전화에서 교환기의 역할은 통화가 시작될 때 두 전화를 연결하는 통신회선을 설정하는 일이지만, 휴대전화에서는 이동하면서 통화하므로 통화 중에 연결된 기지국을 순간적으로 전환해야 하기도 하고(그림 4-1), 애초에 통화 시작 시에 전화를 받기 위해서는 어느 기지국 근처에 휴대전화가 있는지 위치를 항상 파악해 둘 필요가 있습니다(그림 4-2).

이러한 이동하는 전화기와의 통신을 관리하고 제어하는 존재가 코어망입니다. 전화교환기에 기능을 추가하는 형태로 시작된 휴대전화 코어망이지만, 데이터 통신의 발전에 따라 기능이 고도화되고 있습니다. 5G용 코어망은 **5GC**라는 약칭으로 불립니다. 5GC에서는 기존의 휴대전화도 계속 이용할 수 있도록 4세대 기지국이나 휴대전화도 관리합니다. 또 5G 기지국에는 4세대 시스템의 코어망과 연계할 수 있는 구조가 준비되어 있습니다.

그림 4-1 '핸드오버' 메커니즘(수정 재게재)

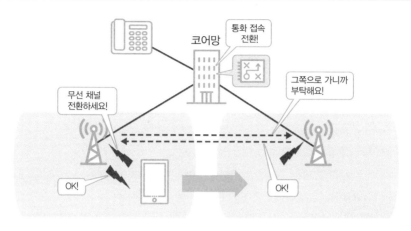

그림 4-2 자신의 위치를 알려주는 구조(재게재)

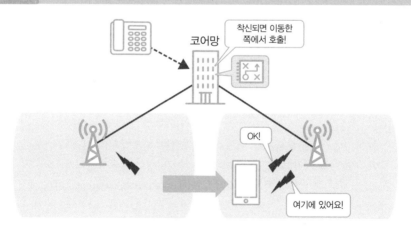

✔ 코어망은 휴대전화 시스템에서 통신 중 전화기 이동에 따른 접속처 변경이나 착신 시 호출처 관리 등을 하는 숨은 주역이다.

✔ 5G용 코어망인 5GC는 4세대 휴대전화도 지원한다.

≫ '전부 연결'은 비경제적이다

전화기를 다 연결해 본다

복수의 전화기가 통화(통신)하기 위해서 몇 개의 전송로가 필요한가를 주제로 전화 교환기 이야기를 좀 해보겠습니다. 그림 4-3의 왼쪽은 4대의 전화기를 서로 전부 연결하는 예로, 총 6개의 전송로가 필요하다는 걸 알 수 있습니다.

전화기 대수가 적을 때는 전송로가 그다지 많이 필요하지 않지만, 모든 전화기를 연결하는 데 필요한 전송로 수는 대체로 대수를 제곱한 값의 절반에 비례해 증가하므로 100대일 때 약 5,000개, 1,000대일 때는 약 50만 개의 전송로가 필요합니다. 전화기가 늘어날수록 전화기를 연결하는 전송로 수는 눈덩이처럼 불어나, 매우 비경제적이고 비현실적인 시스템이 되고 맙니다.

교환기의 등장

그래서 **회선 교환** 방식이 등장했습니다. 회선 교환 방식은 통화하는 동안에만 전화기를 전송로(회선)와 연결하는 방법입니다(그림 4-4 왼쪽). 이 방법은 효율적이지만, 회선 수가 적을 때 많은 사람이 일제히 통화를 시작할 경우 회선이 막혀 접속할 수가 없습니다. 통신하려고 할 때 회선이 막혀 통화할 수 없는 상태를 **호손**(호출 손실)이 발생했다고 합니다.

필요한 회선 수는 전체 통화량과 어느 정도 호손을 허용할지를 지표로 검토합니다. 예를 들어, 1,000대의 전화기를 수용하는 교환기를 생각해 보겠습니다. 각각의 전화기가 하루(24시간)에 2회 통화를 하고 1회당 통화 시간이 5분이라고 하면, 1시간에 평균 83회 이상의(1,000대×2회÷24시간) 통화가 발생하므로 합계 7시간 가까운 통화(83회×5분÷60)가 이루어집니다. 이때 호손 발생 확률(**호손율**)을 계산한 결과가 그림 4-4의 오른쪽 그래프입니다.

이 결과를 바탕으로, 예를 들어 회선 12개를 준비하면 손실률이 3%가 되는 것을 알 수 있습니다. 그걸로 충분한지는 전화기의 용도나 필요한 비용(또는 요금)에 따라 다르지만, 전부 연결하기 위해 50만 개의 전송로를 준비하는 것보다는 훨씬 경제적이고 합리적인 통신 시스템이라고 할 수 있습니다.

그림 4-3 모든 전화를 전송로(회선)로 직접 연결한다

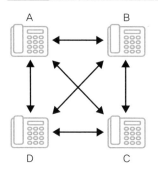

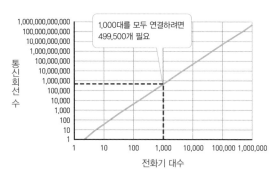

> 1,000대를 모두 연결하려면 499,500개 필요

통신회선 수 / 전화기 대수

그림 4-4 통화할 때만 전송로(회선)로 연결

회선 수

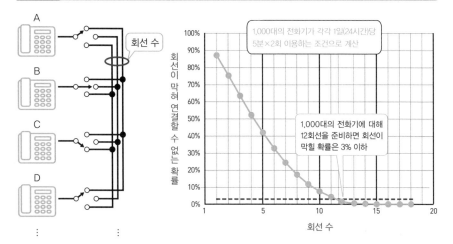

> 1,000대의 전화기가 각각 1일(24시간)당 5분×2회 이용하는 조건으로 계산

> 1,000대의 전화기에 대해 12회선을 준비하면 회선이 막힐 확률은 3% 이하

회선이 막혀 연결할 수 없는 확률 / 회선 수

Point

✔ 모든 전화기를 전송로로 연결할 경우, 대수가 증가하면 방대한 수의 전송로가 필요하다.

✔ 전화 교환 (회선 교환) 방식을 이용하면 통화하는 동안에만 전송 경로를 연결하므로, 합리적인 회선 수로 많은 전화를 수용할 수 있다.

✔ 전화 교환에서 모든 회선을 사용하면 호손이 발생한다.

✔ 호손 발생 확률이 정해진 값보다 작아지도록, 조건을 지정해 필요한 회선 수를 구할 수 있다.

≫ 한 줄로 기다린다

꼬리표를 달아 포장해서 보낸다

앞에서 말한 호출 손실은 회선이 막혀 있으면 바로 실패하는 음성 통화와 같은 방식에서 하는 이야기였습니다. 디지털 데이터(문자) 전송에서 회선이 막혔을 때, 회선이 빌 때까지 기다리는 방식을 사용할 수 있을 경우엔 조금 사정이 달라집니다.

데이터 통신에 이용되는 전송 방식은 회선 교환에 대하여 **패킷 교환**이라고 부릅니다. 그림 4-5처럼 각 전화기가 보내는 정보에 목적지를 적은 꼬리표를 붙여 한 덩어리의 패킷으로 포장해서 전송합니다.

소포는 도착 순서대로 대기 행렬에 나열하고, 비어 있는 전송로(컨베이어 벨트)로 차례차례 운반합니다. 출구에 도달하면 꼬리표를 보고 목적지에 전달합니다.

창구는 몇 개나 필요할까

패킷 교환 방식에서는 전송하는 패킷 총량에 대해 어느 정도의 전송 능력(전송 속도)을 갖춘 전송로를 얼마나 준비해야 **대기 행렬**에서 기다리는 패킷(정보의 전송 단위)의 **평균 대기 시간**을 정해진 시간 내로 억제할 수 있을지가 과제가 됩니다.

여기서는 은행에서 한 줄로 서서 기다리다가 비어 있는 창구에 가서 신청하는 것을 예로 들어 대기 행렬의 특성을 살펴보겠습니다(그림 4-6).

1시간당 평균 10명이 방문하여 줄을 서고, 창구에서 1인당 처리 시간을 평균 5분으로 했습니다. 이때 열려 있는 창구 수에 따라 줄 서는 시간이 어떻게 변화하는지 계산한 그래프가 그림에서 오른쪽입니다.

창구가 1개라면 평균 25분 줄을 서지만, 2개로 늘리면 평균 5분 이하로 줄어듭니다. 목표 대기 시간이 평균 5분이라면 창구는 2개로 충분하며, 3개 이상 열어도 평균으로 볼 때 효과는 제한적입니다.

5G에서 이용하는 패킷 교환 구조에서도 같은 방법으로 소요량의 패킷을 소정의 평균 대기 시간 내에 전송하는 데 필요한 전송로의 능력과 그 개수를 검토할 수 있습니다.

그림 4-5　패킷 교환의 구조

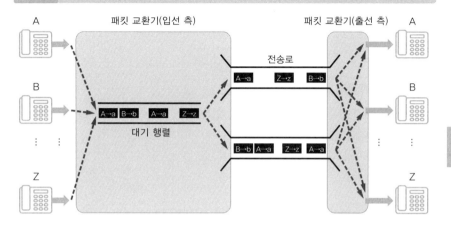

A

패킷 교환기(입선 측)

패킷 교환기(출선 측)

A

B

전송로

A→a　Z→z　B→b

B

대기 행렬

A→a B→b A→a Z→z

B→b A→a Z→z A→a

Z

Z

그림 4-6　창구에서 한 줄로 선다

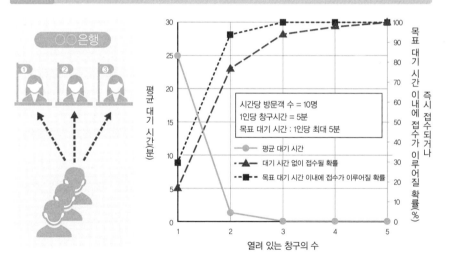

○○은행

시간당 방문객 수 = 10명
1인당 창구시간 = 5분
목표 대기 시간 : 1인당 최대 5분

━●━ 평균 대기 시간
┈▲┈ 대기 시간 없이 접수될 확률
┈■┈ 목표 대기 시간 이내에 접수가 이루어질 확률

평균 대기 시간(분)

열려 있는 창구의 수

목표 대기 시간 이내에 즉시 접수되거나 접수가 이루어질 확률(%)

Point

✔ 패킷 교환의 경우, 정보에 꼬리표를 달아 포장한 뒤 순서대로 전송한다.

✔ 모든 전송 경로가 막히면 대기 행렬에서 기다리고 빈 자리가 나면 순차적으로 전송한다.

✔ 대기열의 평균 대기 시간이 정해진 시간 내에 들어오도록, 소요 전송량에 맞춰 전송로의 전송 능력을 검토한다.

≫ 5G를 지탱하는 숨은 조력자

보이지 않는 곳에서 맹활약하는 제어 신호

제어 신호는 통신의 준비, 유지, 뒷정리 등을 위해 이용자가 눈치채지 않게 코어망과 휴대전화 사이에서 통신할 수 있도록 도와주는 일련의 신호를 가리키는 명칭입니다. 휴대전화 이용자가 애플리케이션 등을 통해 주고받는 정보는 사용자 신호라고 불립니다.

통신 중 핸드오버로 바쁜 제어 신호

통신 중 핸드오버(그림 4-1)의 제어 신호 교환을 그림 4-7에 나타냈습니다. 셀1(주파수1)과 통신하는 휴대전화에서 셀2의 전파(주파수2)가 더 강하다고 판단하면 다음 절차를 시작합니다.

- ◆ 휴대전화에서 '셀2 전파가 더 강하다'고 셀1 기지국을 통해 코어망에 보고(❶, ❷)
- ◆ 코어망이 셀2로 전환할 것을 셀2 기지국에 지시. 셀2 기지국이 준비 OK를 보고(❸, ❹)
- ◆ 코어망에서 셀1 기지국을 통해 휴대전화에 전환할 셀2의 정보를 연락해 전환을 지시 (❺, ❻)
- ◆ 휴대전화가 셀2 기지국과 주파수2로 통신을 시작. 셀2 기지국이 코어망에 무선 주파수 전환 완료 보고(❼, ❽)
- ◆ 코어망이 통신 중인 사용자 신호의 통신 대상을 셀2로 전환(❾)

제어 신호 처리를 사용자 신호 처리에서 분리하다

제어 신호를 취급하는 기능의 층을 **C플레인**이라고 부르고, 이용자 사용자 신호를 취급하는 층을 **U플레인**이라고 부르며 구별합니다. 5GC에서는 C플레인을 다루는 코어망 내의 기능 단위를 U플레인과는 명확하게 구분(C/U 분리)하고 있습니다(그림 4-8)[1].

1　이처럼 기능을 명확하게 구분함으로써 뒤에서 설명하는 다양한 기능의 구현이나 성능 향상이 효율적으로 가능한 구성으로 되어 있습니다.

그림 4-7 핸드오버 시 제어 신호의 흐름 (예)

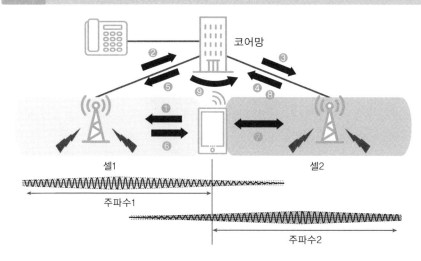

그림 4-8 C플레인과 U플레인

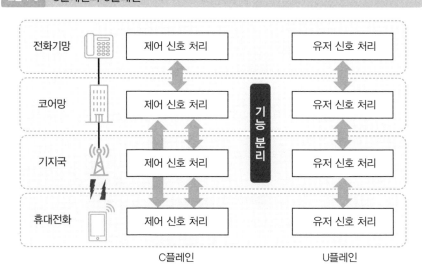

Point

✔ 제어 신호는 휴대전화의 통신을 지탱하는 조력자 역할을 한다.

✔ 제어 신호는 C플레인, 유저 신호는 U플레인에서 처리된다.

✔ 5GC에서는 C플레인을 U플레인으로부터 명확히 분리하여 구성한다.

» 대기 중 절약 모드

대기 중은 사정이 다르다

이번에는 그림 4-2에서 개요를 설명한 통신하지 않는 상태에서 대기 중 위치 정보를 알릴 때 제어 신호를 주고받는 이야기입니다. 휴대전화가 셀 사이를 이동할 때, 가장 가까운 기지국에 알린다는 기본은 같지만, 통신할 때 핸드오버처럼 사용자 신호를 송수신하지 않으므로 다음 통신 시작 전까지 알리면 된다는 점이 다릅니다.

휴대전화가 대기 중인 상태에서 셀을 이동할 때마다 위치 정보를 알리게 되면, 제어 신호 교환 횟수가 증가하고 간헐 수신(3-7절 참조)하면서 전력을 절약하는 휴대전화에서도 불필요한 전력을 소비합니다.

제어 신호를 절약한다, 한꺼번에 호출한다

그래서 그림 4-9처럼 셀(기지국)을 몇 개 묶어 등록 영역을 만들고, 대기 중인 휴대전화가 등록 영역#1에 머물러 있는 동안은 위치 정보를 통지하지 않고, 옆의 등록 영역#2로 이동한 것을 검출했을 때 위치 정보 등록을 요청하는 제어 신호❶를 보내도록 합니다.

코어망은 제어 신호❷를 받으면, 데이터베이스 내 각 휴대전화의 위치 정보(등록 영역 단위)를 갱신합니다❸. 이 때 다음 절에서 설명할 '인증'(진짜인지 확인)이 이루어지는 경우가 있습니다.

그 후, 그림 4-10처럼 등록된 휴대전화 앞으로 착신이 발생❶하면, 코어망 내부에서 해당하는 휴대전화의 위치 정보가 추출되고❷, 해당하는 등록 영역의 모든 기지국 앞으로 착신 호출 정보❸가 송출됩니다. 호출된 휴대전화가 등록 영역#2의 셀5로 이동하고 있다고 하면, 셀5의 기지국으로부터의 착신 호출(신호❹)에 응답하고 유저 신호를 송수신하는 절차를 시작합니다.

5G에서는 등록 영역을 휴대전화의 이동 상황 등에 맞게 구성할 수도 있습니다. 대기 중 제어 정보 교환을 절약함으로써 시스템 전체의 효율화와 휴대전화의 소비 전력 저감을 도모합니다.

그림 4-9 등록 영역을 넘어서 이동했을 때만 위치 정보를 등록한다

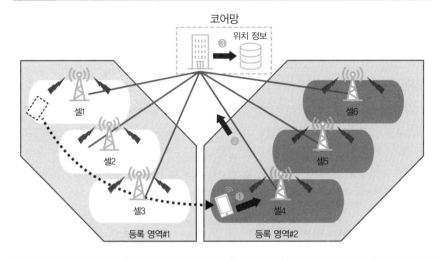

그림 4-10 등록 영역별로 모아서 호출한다

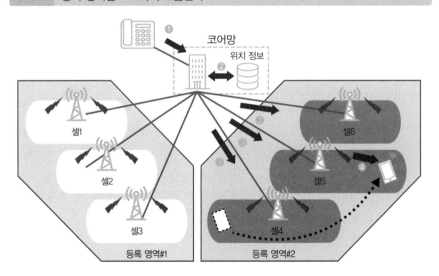

Point

✔ 대기 중인 위치 정보는 셀을 그룹화한 등록 영역 단위로 통지한다.

✔ 각 휴대전화의 위치 정보는 코어망에 위치 정보로서 등록된다.

✔ 휴대전화로 착신 시는 등록 영역 단위로 호출이 이루어진다.

≫ '고도의 사다리 타기'로 사칭을 허용하지 않는다

전파는 어디라도 전달된다

전파에는 파동의 성질이 있어, 긴급 차량의 사이렌 소리처럼 모든 방향으로 확산됩니다(그림 4-11). 상대를 특정하여 실시하는 전파 통신을 마음대로 수신(도청)하고 내용을 악용하는 것은 법률로 금지되어 있습니다. 휴대전화 시스템에서는 '진짜'로 위장한 '가짜'에 의한 부정한 이용이나 도청을 막고자 통신을 시작할 때에 상대가 '진짜'인지 확인하는 '인증' 절차를 거칩니다.

5G의 사다리 타기는 훨씬 복잡하다

'인증' 절차는 '정규 휴대전화(진짜)'와 전화 회사가 엄중하게 관리하는 코어망 내 제어 장치 2대만 쌍으로 은밀하게 가지고 외부로 유출하지 않는 '비밀 키'와 '사다리 타기'가 사용됩니다(그림 4-12). 5G에서는 그림으로 나타낸 '사다리 타기'보다 훨씬 복잡하여, 출구에서 입구를 추측하기가 사실상 불가능하다고 여겨지는 고도의 암호 계산법이 사용됩니다.

인증 절차 통신을 시작할 때에 '진짜'가 자신의 식별 번호를 보내는 것❶부터 시작합니다. 5G에서는 안전성을 높이고자 식별 번호를 암호화해서 송신합니다. 코어망의 제어 장치는 받은 식별 번호로부터 상대의 '비밀 키'를 특정하고❷, 다시 '주사위'를 흔들어 난수(우연히 만들어지는 수)를 발생시켜❸ 전파로 '진짜'에게 전달합니다❹.

'진짜'는 전송받은 난수와 비밀 키를 이용해 '사다리 타기'의 시작점을 선택하고, '사다리 타기'를 탐색❺한 결과를 전파로 제어 장치에 되돌려 보냅니다❻. 제어 장치 쪽에서도 같은 조작❺을 해서, 받은 결과와 일치하면 진짜라고 인증❼하고 '비밀 키'를 사용한 암호화 통신을 시작합니다.

올바른 '비밀 키'가 없는 '가짜'는 전파로 전송되는 '난수'로 올바른 '결과'를 계산해 낼 수 없으므로, 위장에 의한 부정한 이용이나 암호화된 통신 내용을 도청할 수 없는 구조로 되어 있습니다.

그림 4-11 전파는 어디라도 전달된다

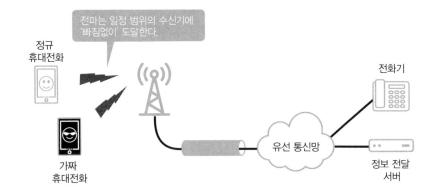

그림 4-12 '비밀 키'와 '고도의 사다리 타기'로 '진짜'를 가려낸다

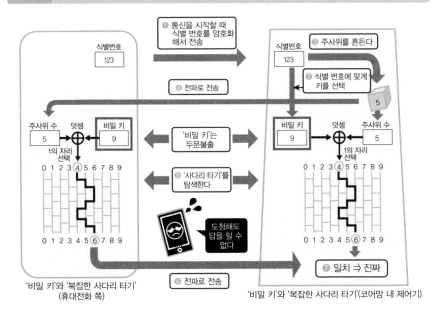

Point

✔ 전파는 어디든지 전달된다.

✔ '비밀 키'와 복잡한 '사다리 타기'로 위장에 의한 무단 사용을 방지한다(인증).

✔ 전파로 통신하는 신호를 암호화하여 중요한 정보가 도청으로 도난당하는 것을 방지한다.

≫ 4G와도 협력한다

5G와 4G의 2단 구조

그림 4-13은 그림 3-7에서 설명한 '2단 구조'의 셀 구성과 비슷하지만, 4G 기지국과 5G 기지국을 하나의 4G용 코어망에 수용하는 2단 구조입니다.

이미 넓은 지역에 설치된 4G 휴대전화 기지국과 5G 기지국을 조합해 효율적으로 시스템을 보급해 나가기 위한 방법입니다.

5G 기지국(셀2, 3)은 높은 주파수 대역(주파수2)의 넓은 대역을 사용하여 U플레인의 유저 신호를 고속으로 전송하지만, 높은 주파수 대역의 전파는 도달 거리가 짧아 기지국 하나의 커버 영역은 작아집니다. 4G 기지국은 5G용 주파수 대역보다 낮은 비교적 먼 곳까지 도달하는 전파(주파수1)를 이용하고 있어, 기지국 하나의 커버 영역은 커집니다. 4G 기지국(셀1)에서 5G 기지국 영역에서 통신하는 휴대전화의 C플레인 제어 신호를 통합하여 처리함으로써 5G의 U플레인 고속 전송 서비스를 안정적이고 효율적으로 제공할 수 있습니다. 이런 2단 구조 셀을 다음 독립형에 대치하는 형태로서 **NSA**(Non-Stand Alone, 비 독립형) 구성이라고 부릅니다[2].

5G 독립형

그림 4-14는 5G 코어망으로 5G 기지국을 수용하는 '5G 독립형' 셀 구성입니다. **SA**(Stand Alone) 구성이라고 부릅니다.

5G 시스템 전개가 NSA로 진행되어 서비스 제공 영역이 확대됨에 따라, C플레인 처리가 증가함과 동시에 5G 코어망의 고도의 기능과 성능을 이용하는 서비스로 전환될 것으로도 생각할 수 있습니다. 이를 위해서 5G의 U플레인과 C플레인을 모두 다루는 **독립형 구성**이 준비되어 있습니다. 덧붙여 5G용 코어망과 4G용 코어망의 상호 제휴나 5G용 코어망으로 4G용 기지국을 직접 수용하는 구성도 준비되어 있습니다.

NSA와 SA를 구분하여 사용함으로써 4G 시스템에서 5G 시스템으로 단계적이고 원활한 전환을 경제적으로 진행할 수 있게 되었습니다.

---

2 무선 회선 상에서는 4G와 5G 시스템을 동시에 이중으로 접속한다고 해서, 그 접속 형태를 Dual Connectivity(이중 접속)라고 부릅니다.

그림 4-13 '4G와 5G의 2단 구조' 셀 구성(NSA)

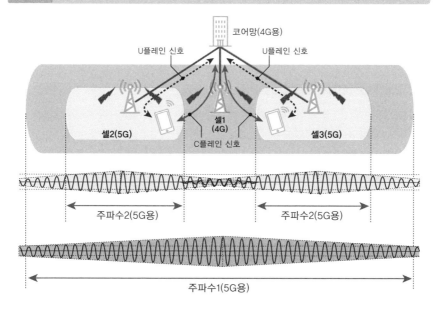

그림 4-14 '5G 독립형' 셀 구성(SA)

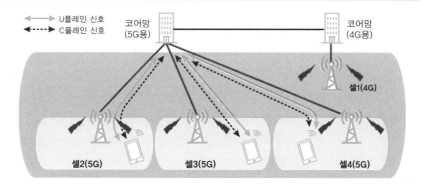

Point

✔ NSA는 4G 코어망이 4G와 5G의 무선 기지국을 수용하는 2단 구성이다. 기존의 4G 통신망 자산을 이용해 5G를 경제적으로 전개한다.

✔ NSA에서는 5G 기지국이 U플레인, 4G 기지국이 C플레인 전송을 연계하여 분담한다. 4G의 넓은 영역에서 복수의 5G용 소형 셀을 커버할 수 있다.

✔ SA는 5G 코어망이 5G 기지국을 수용하는 5G 독립형 구성이다.

» 정보의 지산지소

생산지 가까운 곳에서 소비한다 ////////////////////////////////////

그림 4-15는 최근 자주 들리는 말로 농산물 등의 '지산지소(지역생산 지역소비)'를 나타낸 것입니다. 생산지와 가까운 곳에서 신선한 식재료를 사용하게 되면, 경제적으로도 불필요한 에너지 낭비를 줄이면서 그 고장 특유의 맛을 경험해 볼 수 있다는 커다란 장점이 있습니다.

유통 시스템이 정비된 현대에는 가까운 지역에서 생산된 식재료만 사용하는 게 아니라 먼 지역의 식재료를 맛볼 수도 있지만, 운송이나 배송에 어느 정도의 시간과 노력, 에너지가 필요하므로 비용 대비 효과 등을 고려하여 상황에 적합한 식재료 조달 방법이 선택됩니다.

정보의 지역생산·지역소비 ////////////////////////////////////

정보통신망에서는 고속 통신으로 전 세계 서버(컴퓨터)에 축적된 정보에 신속하게 액세스할 수 있지만, 사물과 사물의 통신이나 고화질 동영상 등 매우 큰 정보량의 전송이 수반되는 상황에서는 정보를 주고받는 데 걸리는 전송 시간이 지연되거나 애초에 전송 능력이 문제가 되는 일도 있습니다.

5G 시스템에서는 이런 상황을 해결하는 방법의 하나로 정보를 현지에서 생산하고 현지에서 소비하는 **에지 컴퓨팅** 시스템을 준비했습니다. 4-4절에서 설명한 바와 같이 5G에서는 C플레인과 U플레인의 기능을 명확하게 분리한 덕분에, U플레인 정보를 전송하는 도중에 여러 곳에서 사용자 정보를 유연하게 끌어낼 수 있는 네트워크로 구성되어 있습니다(그림 4-16).

기존에는 애플리케이션용 서버는 휴대전화망 바깥쪽 일반전화망 어딘가에 설치되어 있었지만, 5G에서는 코어망이나 기지국이 있는 장소에 서버를 두어 휴대전화와 정보를 주고받는 시간을 단축하거나 카메라로 촬영한 고화질 동영상 정보를 현장에서 처리함으로써 통신망으로 대량의 정보를 전송하지 않아도 되게 구성할 수 있습니다.

그림 4-15 '생산지' 근처에서 신선한 상품을 '소비'한다

지역생산, 지역소비(가깝다, 빠르다)

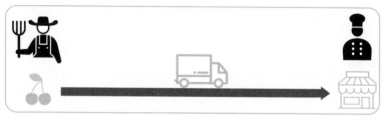

원격 수송(멀다, 느리다)

그림 4-16 에지 컴퓨팅은 정보의 지역생산, 지역소비

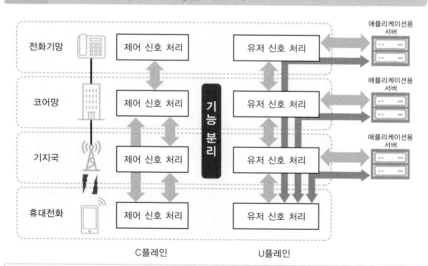

전화기망

코어망

기지국

휴대전화

제어 신호 처리

유저 신호 처리

기능분리

C플레인   U플레인

애플리케이션용 서버

Point

✔ 5G에서는 네트워크 내의 C플레인과 U플레인을 명확하게 분리한 덕분에, 유저 신호를 휴대전화 가까이에서 추출하고 현지에서 소비하는 에지 컴퓨팅을 활용할 수 있다.

✔ 정보의 지역생산 · 지역소비로 전송 시간을 단축하고 전송 용량을 절약할 수 있다.

≫ 전용 차선을 예약한다

차종별로 전용 차선을 예약한다

그림 4-17은 다양한 종류의 차량이 도로를 지나는 모습입니다. 그때그때 상황에 따라 각 차량은 적절히 차선을 변경하면서 자유롭게 통행할 수 있습니다. 도로의 빈 틈을 각 차량이 적절히 채워 통행하므로 도로를 효율적으로 이용한다고도 할 수 있지만, 부분적으로 정체가 발생할 수도 있어 시간에 맞춰 운행해야 하는 버스 등은 불편한 경우도 있습니다.

그림 4-18은 차선을 특정 차종 전용으로 '예약'하고 통행하는 예입니다. 차선 예약은 통행량에 따라 요일이나 시간대별로 변경할 수 있습니다. 전용 차선은 다른 차량의 방해를 받지 않고 통행할 수 있지만, 그만큼 도로에는 '빈틈'이 많이 생기므로 도로 폭에 어느 정도 여유가 있는 경우에 효과적인 방법이라고 할 수 있습니다.

네트워크를 분리해서 사용한다

5G 네트워크에서도 마찬가지로 유저 신호의 종류별로 네트워크의 통신 능력을 분리해 전용으로 사용하는 시스템이 준비되어 있습니다. 사용자 정보 전송에 필요한 대역폭(넓이)이나 전송 지연 시간 허용 최대치 등에 따라 네트워크의 통신 능력을 분리합니다.

예를 들면, 그림 4-19처럼 하나의 휴대전화에서 센서 정보(소량으로 일정한 전송 지연을 허용), 음성 통화(안정된 전송 지연), 그리고 고화질 동영상(고속 광대역 전송)이라는 세 가지 정보를 각각 전용으로 예약한 통신망 내의 각 기능을 사용해 전송합니다. 유저 신호 종류에 따라 여러 층으로 겹쳐진 형태로 통신 능력을 나누어 이용하는 모습에서 이를 **네트워크 슬라이싱**, 분리된 하나의 층을 **슬라이스**라고 부릅니다.

통신 능력이 슬라이스마다 전용으로 예약되어 있어, 각각의 유저 정보는 다른 유저 정보량의 많고 적음에 영향받지 않고 안정된 전송이 가능합니다. 슬라이스는 필요에 따라 추가하거나 삭제할 수도 있습니다.

그림 4-17 여러 차종이 뒤섞여서 통과한다

그림 4-18 전용 차선을 예약해서 사용한다

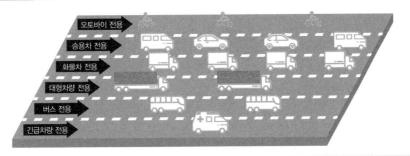

오토바이 전용
승용차 전용
화물차 전용
대형차량 전용
버스 전용
긴급차량 전용

그림 4-19 네트워크 자원을 분리해 사용한다(슬라이스)

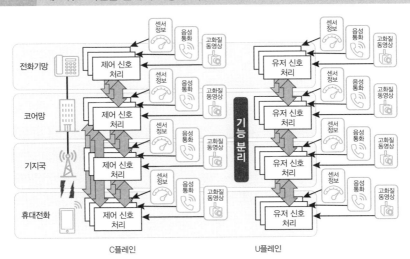

Point

✔ 네트워크의 통신 능력을 전송 신호의 용도별로 전용 슬라이스로 분리하여 용도별 전송 요구 사항에 적합한 안정적인 통신을 제공한다.

✔ 하나의 휴대전화에서 동시에 여러 슬라이스를 사용할 수도 있다.

>> 다재다능한 소재를 활용해 여러 가지 사용법을 가능하게

상황에 따라 다양하게 사용할 수 있는 다재다능한 소재

여기서는 '다재다능한 소재'라는 말을 '응용할 수 있는 재료'라는 정도의 의미로 사용합니다. 그림 4-20은 종이접기에 사용하는 종이를 나타낸 것입니다. 종이는 접는 방법에 따라 바람개비도 되고 종이비행기도 될 수 있습니다. 아예 종이를 잘라내서 '비행기 모양'으로 변형시킬 수도 있습니다.

그림 4-21은 전기 장치의 예로서 전광판을 선택했습니다. 거대한 전광판에는 발광소자와 발광을 제어하는 스위치 장치가 잔뜩 설치되어 있습니다. 단순히 설치된 상태만으로는 제 기능을 하지 않지만, 발광 소자를 용도에 따라 끄거나 켜면, 문자(왼쪽 위)나 이미지(오른쪽 위) 등을 자유롭게 표시해 상황에 따라 여러 가지 방식으로 사용할 수 있게 됩니다.

네트워크 기능 가상화

코어망에서 C플레인이나 U플레인 신호를 처리를 하는 기기는 용도에 맞는 프로그램을 탑재해 다양한 신호를 처리할 수 있는 계산기(컴퓨터)를 모아서 구성합니다. 프로그램은 종이접기에서 종이를 '접는 방법'이나 전광판에서 소자를 '점멸하는 방법'에 해당하고, 각각 계산기 이용 목적에 맞는 방법을 적용합니다.

다만, 일일이 종이 접는 방법을 지정할 필요가 없는 정형화된 필수 처리나 고속 단순 처리에는 오려낸 그림처럼 특정 처리에 특화된 기기를 병용하기도 합니다.

이와 같이, 공통 기기와 탑재하는 프로그램을 조합하여 그때그때 필요한 신호를 처리하는 방법을 **네트워크 기능 가상화**(NFV:Network Functions Virtualizations)라고 부릅니다(그림 4-22).

5G 통신 네트워크에서는 네트워크 기능 가상화 방법으로 다양한 통신 수요에 따라 통신 기능과 능력을 증설하거나 기기를 교체하여 유연하게 필요한 통신 서비스를 제공할 수 있게 되어 있습니다.

그림 4-20	종이접기와 오리기

종이접기   종이접기   오리기

그림 4-21	전광판의 경우

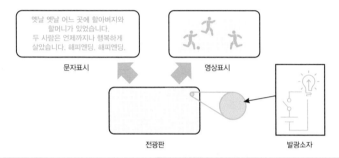

문자표시   영상표시

전광판   발광소자

그림 4-22	네트워크 기능의 가상화

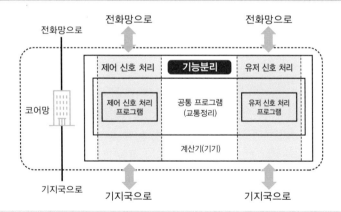

Point

✔ 네트워크 기능 가상화는 공통 기기와 탑재하는 프로그램을 조합하여 그때그때 필요한 신호 처리를 하는 기능을 제공한다.

✔ 네트워크 기능 가상화로 다양한 통신 수요에 맞는 통신 기능과 능력을 유연하게 제공한다.

≫ 일이 끝나면 바로 잔다

통신망의 절전

휴대전화 시스템의 코어망과 기지국(이하 망 설비)은 수백 대, 수천 대의 휴대전화를 상대로 대량의 정보를 혼자서 떠맡아야 하므로 필연적으로 소비하는 전력도 커집니다. 이 때문에, 환경에 미치는 부하를 줄이고 전기 요금도 절약한다는 관점에서 **소비 전력 절약**은 매우 중요한 과제가 됩니다.

열심히 효율적으로 일하고 일이 끝나면 바로 잔다

망 설비에 적용하는 절전의 기본도 휴대전화처럼 '일을 효율적으로 마치고, 일이 끝나면 불필요하게 전력을 소비하지 않고 빨리 잔다'입니다(그림 4-23).

5G의 특징인 높은 주파수를 이용한 고속 데이터 전송이라는 조건은 전자기기를 구성하는 부품의 소비전력을 증가시키는 방향으로 작용하므로, '효율적'이라는 부분에서는 **전력 효율이 높은 부품이나 기술을 채택하는 등**의 방법으로 전송 정보량당 소비전력 절감을 꾀하고 있습니다.

'빨리 잔다'라는 부분에서는 **영역 내 휴대전화와 사용자 신호를 주고받지 않게 되면 망 설비에서 신호 전송 관련 기능을 중지하여 전력을 절감하는 간헐 동작 시스템을** 준비하고 있습니다(그림 4-24).

단, 그림에 나타난 바와 같이 영역 내 휴대전화가 필요로 하는 기준 타이밍 신호, 공통 정보, 호출 신호 등은 정기적으로 송신해야 합니다. 그림에서는 이러한 신호를 0.16초 간격으로 송신하는 모습을 보여줍니다. 이때 휴지 시간 비율은 휴지 간격의 99.4%입니다. 5G에서는 최소 80% 정도의 휴지 비율 확보가 가능한 기술을 채용했습니다. 그림 4-25는 특정 한 달의 이동통신 전체 통신량을 요일별로 집계한 그래프입니다. 오전 3시부터 6시에 걸쳐 피크 타임(오후 9시대)의 절반 이하, 4시대와 5시대는 30% 이하로 하루 중 평균은 약 70%입니다.

망 설비에는 중지할 수 없는 '불면불휴 부분'(그림 4-24)의 소비전력이 있기에 단순한 모델화는 불가능하지만, 통신량이 적은 시간대에 간헐적으로 동작하는 구조를 적용하면 소비전력 절감에 일정한 효과를 기대할 수 있습니다.

그림 4-23 망 설비의 절전의 기본

효율적으로 일하고   일을 마치면 바로 잔다   시간이 되면 또 일한다
(급한 용무에는 대비하면서)

그림 4-24 전송할 유저 신호가 없어지면 간헐적으로 휴식

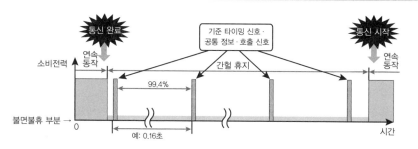

그림 4-25 이동통신 트래픽(통신량)의 시간 변동

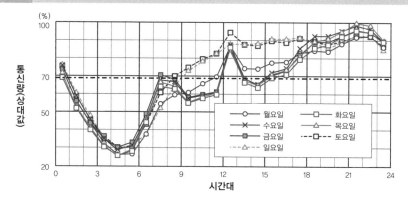

Point

✔ 망 설비 절전의 기본도 「효율적으로 일하고 일을 마치면 잔다」이다.

✔ 5G에서는 전력 효율이 높은 방식을 채용해 신호를 전송하지 않는 기간의 휴지 동작에 의해 소비 전력 저감을 도모하는 기술이 도입되었다.

따라해보기

전송에 걸리는 시간을 고려한다

전파는 1초 동안 30만 킬로미터를 나아갑니다. 이 거리는 지구를 일곱 바퀴 반 도는 것에 해당합니다. 3-8절에서는 5G의 짧은 무선 프레임으로 1ms보다 짧은 저지연 전송이 가능하다는 것을 설명했고, 또 4-8절에서는 에지 컴퓨팅을 이용하여 정보의 현지생산 현지소비로 전송 시간을 단축하는 예를 설명했습니다.

여기서는 좀 더 구체적으로 전송에 걸리는 시간에 관하여 생각해 보겠습니다.

아래 그림은 공간을 통해 전파되는 전파 또는 광섬유를 통과하는 광신호를 가로축 거리로 전송하는 데 걸리는 시간을 보여주는 그래프입니다.

광섬유 내 광신호의 속도는 1ms에 200km 정도를 진행합니다. 실제로는 신호가 감쇠하여 신호 중계가 필요하고 송수신 처리에 의한 지연 시간도 더해져 진행 거리는 더욱 짧아집니다. 5G의 저지연 전송으로 모처럼 무선 전송 부분의 전송 지연이 1ms 이하가 되더라도 코어망 이후 전송에 시간이 걸리면 전송 지연은 늘어나 버립니다.

따라서 에지 컴퓨팅으로 정보의 지역생산 지역소비를 추진하여 저지연으로 처리해야 하는 정보는 기지국 가까이에서 처리하게 됩니다. 만약, 기지국을 도쿄역 앞에 설치했고, 0.1ms 이내에 정보를 처리하는 에지 서버에 정보를 전달하고 싶다면, 에지 서버를 요코하마역 앞에 설치해도 좋을까요? 아니면 시나가와역 앞이 안전할까요? 다시 한번 그림을 보고 생각해 보세요[3].

전파 또는 전기 신호의 전파 거리와 전파 지연

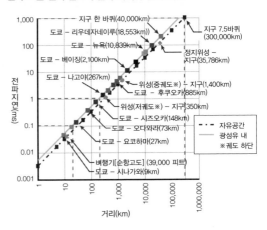

---

3   실제 통신망에서는 송신점으로부터 수신점까지 직선 거리로 전송되지 않으므로, 적어도 더 멀어지면 안되는 거리의 기준으로서 생각하세요.

5G 스마트폰의 특징

5G 상용 서비스에서 이용하는 최신 기술

» 스마트폰과 PC의 밀접한 관계

PC 기능을 도입하면서 5G 스마트폰으로 진화

스마트폰의 전신은 휴대전화입니다. 휴대전화는 3G 무선 모듈을 탑재한 소형 단말기가 주류였고, 통신 사업자는 저속 통신에서도 인터넷에서 정보를 열람할 수 있는 i모드(일본 NTT 도코모의 무선 인터넷 서비스)와 같은 독자적인 인터넷 서비스를 제공했습니다(그림 5-1).

4G 시대로 넘어오면서 통신 속도가 향상되자, 모바일 환경에서도 PC처럼 인터넷 서비스를 즐기고 싶어 하는 잠재적인 사용자의 욕구를 실현하고자 아이폰으로 대표되는 스마트폰이 등장했습니다.

이제 스마트폰은 우수한 무선 기능과 함께 PC와 동등한 사양의 OS(Operating System)와 CPU(Central Processing Unit, 소프트웨어 명령을 고속 실행하는 장치), 메모리를 탑재하게 되었습니다.

애플리케이션 측면에서는 비디오 스트리밍과 같은 PC용 서비스도 지원하며, 노트북 컴퓨터와 비교해도 기능과 성능 측면에서 거의 손색이 없어졌습니다.

5G 스마트폰은 4K 3D 게임도 즐길 수 있도록 처리 능력이 향상되었고, 대화면 디스플레이에 휴대성까지 고려한 폴더 형태를 지원하는 등 4G에서 더욱 진화했습니다.

5G 스마트폰의 장점을 PC에 도입

PC에서 사용되는 GPU(Graphical Processing Unit, 이미지 처리에 특화된 프로세서)는 개별적으로 성능을 향상시키기 위해 CPU와 별도의 칩을 사용하는데, 소비 전력이 크다는 문제가 있습니다.

반면에 스마트폰에 사용되는 CPU는 소형/저전력을 실현하고자 복수 CPU 코어(약 4~8개)를 성능과 저전력 용도로 나눠 제어할 수 있습니다. 또, 게임 그래픽을 처리하는 GPU를 CPU와 전용 칩 하나로 구성할 수 있다는 장점도 있어, 모바일용 CPU를 노트북 컴퓨터에 탑재하는 사례도 늘어나고 있습니다(그림 5-2).

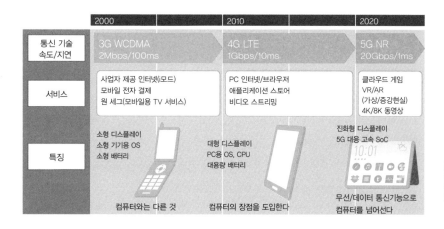

그림 5-1 5G 스마트폰으로 진화

	2000	2010	2020
통신 기술 속도/지연	3G WCDMA 2Mbps/100ms	4G LTE 1Gbps/10ms	5G NR 20Gbps/1ms
서비스	사업자 제공 인터넷(i모드) 모바일 전자 결제 원 세그(모바일용 TV 서비스)	PC 인터넷/브라우저 애플리케이션 스토어 비디오 스트리밍	클라우드 게임 VR/AR (가상/증강현실) 4K/8K 동영상
특징	소형 디스플레이 소형 기기용 OS 소형 배터리	대형 디스플레이 PC용 OS, CPU 대용량 배터리	진화형 디스플레이 5G 대응 고속 SoC
	컴퓨터와는 다른 것	컴퓨터의 장점을 도입한다	무선/데이터 통신기능으로 컴퓨터를 넘어선다

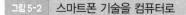

그림 5-2 스마트폰 기술을 컴퓨터로

항목	CPU	GPU
역할	단말 전체의 계산 처리	3D 그래픽 등 이미지 렌더링 용도
계산 처리 내용	연속적인 계산 처리	병렬 계산 처리
코어 수	10개 이하	수천 개
계산 속도차	GPU는 화상 처리 등의 계산만 한다면 CPU의 몇 배~1,000배 이상의 계산 속도	

Point

✔ 스마트폰은 PC의 편리성 실현을 목표로 고안되었고, 통신 기능이나 데이터 처리 능력도 PC와 동등해졌다.

✔ 스마트폰에 사용하던 CPU와 GPU를 PC에도 사용하게 되었고, 5G에서는 PC와 차이가 없어지고 있다.

≫ 5G 스마트폰의 특징

5G 스마트폰이 4G 스마트폰과 다른 부분

5G 서비스가 잇따라 시작되면서, 다양한 5G 스마트폰이 발표되고 있습니다. 그림 5-3에는 NTT 도코모에서 발매되고 있는 스마트폰의 사양과 5G 기능 부분을 나타냅니다.

4G 스마트폰과의 큰 차이점은 미국 퀄컴사의 무선 프로세서 'SDX55'가 5G 통신을 지원함으로써 통신 속도가 4G에서 크게 향상된 부분입니다.

5G에서는 단독으로도 고속 통신이 가능하지만, 4G 무선부와 디지털 신호 처리부를 동시 통신시키고 소프트웨어로 통합해 고속성을 실현하는 것도 특징의 하나입니다. 그림 5-4에 5G 단말기의 특징을 나타내는 소프트웨어와 하드웨어의 구성을 나타냅니다(사양에 대한 자세한 내용은 다음 절 이후에 개별적으로 설명합니다).

5G 통신 속도 향상을 통해 4G 스마트폰에서 진화한 부분

애플리케이션을 작동시키는 퀄컴사의 '스냅드래곤 865' 프로세서는 5G 무선부와 연계해 고속 동작을 하기 위해 기능과 성능 면에서 진화가 이루어졌습니다.

디스플레이는 5G 회선을 사용하여 4K 영상을 시청하고 3D 게임 그래픽을 매끄럽게 표시하는 처리 능력이 향상되었습니다.

카메라에 관해서는 라이브 스트리밍처럼 5G 회선을 사용한 전달을 고려하고, 고해상도 이미지나 SLR(일안 리플렉스 카메라) 수준의 아웃 포커싱 사진 생성 기술이 탑재되어 있습니다.

단말기 자체의 성능 향상은 CPU 처리 고속화, RAM/ROM 각종 메모리의 대용량화 등이 이루어지고 있습니다.

소프트웨어는 구글에서 개발하는 안드로이드 10 이후 운영체제(OS)가 탑재되며, 상기 디바이스의 진화를 이용해 새로운 애플리케이션을 만드는 시스템이 지원되고 있습니다.

그림 5-3 5G 스마트폰의 사양

주요 사양	arrows 5G F-51A	AQUOS R5GSH-51A	Xperia1 IISO-51A
칩셋	애플리케이션 프로세서 : Snapdragon 865 5G 무선 프로세서 SDX55		
OS	Android™10		
5G주파수	서브6/밀리파	서브6	서브6
수신최대속도 5G/4G	밀리파 : 4.1Gbps/ LTE : 1.7Gbps	서브6 3.4Gbps/ LTE : 1.7Gbps	서브6 3.4Gbps/ LTE : 1.7Gbps
송신최대속도 5G/4G	밀리파 : 480Mbps LTE : 131Mbps	서브6 182Mbps/ LTE : 131Mbps	서브6 182Mbps/ LTE : 131Mbps
디스플레이 크기/ 해상도	약 6.7인치 / Quad HD+ (3,120×1,440픽셀)	약 6.5인치 / Quad HD+ (3,168×1,440픽셀)	약 6.5인치 / 4K (3,840×1,644픽셀)
아웃/인 카메라 (해상도)	3렌즈(4,800만 화소+약 1,630만 화소+약 800만 화소) / 약 3,200 만 화소 / (4K)	4렌즈(약 1,220만 화소+약 4,800 만 화소+약 1,220만 화소+ToF 카메라) / 약 1,640만 화소 / (8K)	4렌즈(약 1,220만 화소+약 1,220 만 화소+약 1,220만 화소+ToF 카메라) / 약 800만 화소 / (4K)
메모리/스토리지	RAM 8GB/ROM 128GB	RAM 12GB/ROM 256GB	RAM 8GB/ROM 128GB
배터리 용량	4,070mAh	3,730mAh	4,000mAh

출처: NTT 도코모 '5G 대응 스펙 일람표'

그림 5-4 5G 스마트폰의 소프트웨어와 하드웨어 구성

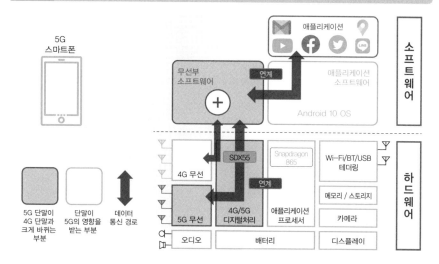

✔ 5G 스마트폰은 5G 단독으로도 고속화할 수 있지만, 4G 통신을 결합하여 전례 없는 고속화를 실현하고 있다.

✔ 5G 스마트폰은 무선부와 기타 소프트웨어/하드웨어를 연계해 작동하고, 특히 영상 처리를 빠르게 하도록 고안되어 있다.

» 5G 스마트폰의 무선 기술

무선 통신 대역과 통신 속도의 관계

5G에서 사용하는 무선 주파수에는 그림 5-5와 같이 6GHz 이하 주파수 대역인 **서브6**과 28GHz 이상인 **밀리파**가 있습니다.

통신 속도는 사용할 수 있는 주파수 대역 넓이에 비례하므로 밀리파가 서브6보다 빠릅니다. 넓은 도로로 더 많은 차가 지나갈 수 있는 것과 같은 원리입니다(3-1절 참조).

4G의 대역폭은 수십 MHz 정도로 좁기 때문에, 지금까지는 데이터 통신을 고속화할 때 각 주파수 대역을 여러 개 결합하는 캐리어 어그리게이션이라는 기술을 사용해 왔습니다(3-2절 참조).

그림 5-3처럼 4G에서도 통신 속도를 1.7Gbps까지 고속화할 수 있습니다.

하지만, 서로 결합하는 캐리어 수에는 물리적으로 한계가 있습니다. 또한 기존 4G 주파수는 통신 트래픽의 압박으로 인해 속도가 느려지는 운용 문제도 있습니다.

위와 같은 이유로 5G에서는 새로운 주파수 대역을 확보할 필요가 있었고, 서브6과 밀리파가 5G 통신용 대역에 할당되었습니다.

5G 스마트폰 기술 혁신은 밀리파의 이용

밀리파를 지원하는 스마트폰은 아직 많지 않습니다. 이는 밀리파가 광대역 통신을 이용해 고속 통신 성능을 높이는 특성이 있는 반면, 그림 5-5처럼 전파의 감쇠가 4G 단말에서 사용하는 마이크로파보다 크며, 서비스 지역을 넓히려면 시간이 걸리는 것과도 관계가 있습니다(3-4절 참조).

또 밀리파는 전파의 지향성도 강하기 때문에 통신이 장애물로 차단되어도 끊어지지 않도록 전파의 방사를 특정 방향으로 집중시키는 전파 송신(**빔 포밍**)에 대응할 필요가 있습니다(3-5절 참조).

한편 서브6은 이제까지의 4G와 같은 마이크로파이며 전파 특성이 별로 다르지 않기 때문에 4G와 **안테나**를 공용할 수 있습니다(그림 5-6).

그림 5-5 · 5G 스마트폰이 사용하는 주파수 대역

주파수	4G 주파수								5G 주파수		
									서브6		밀리파
주파수	700M	800M	900M	1.5G	1.7G	2G	2.5G	3.5G	3.7G	4.5G	28G
NTT도코모	20	30		30	40	40		80	100	100	400
KDDI	20	30		20	40	40	50	40	100		400
소프트뱅크	20		30	20	30	40	30	80	100		400
라쿠텐					40				100		400
로컬 5G용										200	900

캐리어 어그리게이션

주파수(Hz) 0.1G 3G 10G 30G 100G 300G

마이크로파 / 준밀리파 / 밀리파

밀리파(mm) 3,000 100 30 10 3 1mm

직교성/감쇠량

약하다/적다 → 강하다/많다

● 밀리파 특징과 4G와의 차이

마이크로파 4G + 서브6
○낮은 주파수에서는 회절(전파가 휘어진다)
○공간 내의 전파에 의한 감쇠가 적다

밀리파 : 5G에서 도입
○직진성이 매우 강하다
○공간 내의 전파에 의한 감쇠가 크다.
○고지향성, 고이득 안테나 필요

출처:'이동 통신 시스템용 주파수 할당 현황'
(URL : https://www.soumu.go.jp/main_content/000572034.pdf)를 기반으로 작성

그림 5-6 · 밀리파의 빔 처리 방법

서브6: 무지향성, 전파는 방사형   **밀리파: 지향성, 전파는 빔형**

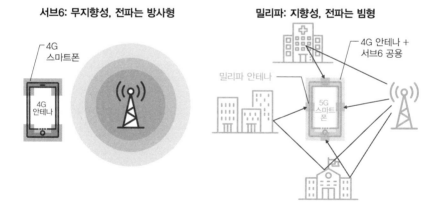

Point

✔ 무선 통신 속도는 사용하는 대역이 넓을수록 빨라지기 때문에, 5G에서는 넓은 대역을 쓸 수 있는 밀리파 대역을 활용한다.

✔ 밀리파는 4G에 없었던 전파의 지향성이 있기 때문에, 안테나를 얼마나 잘 다루는가로 5G 스마트폰의 진가를 볼 수 있다.

Chapter 5 · 5G 스마트폰의 무선 기술

≫ 5G 스마트폰의 애플리케이션 처리 기술

5G 애플리케이션의 서비스 지원

필요한 전송 속도를 얻지 못하면, 애플리케이션은 표시가 진행되지 않거나 동작이 어색해집니다. 예를 들어, 유튜브를 4K로 시청할 경우에는 50Mbps 정도로 충분합니다(그림 5-7).

5G의 빠른 속도를 활용할 수 있는 킬러 애플리케이션으로 화상이나 영상 콘텐츠를 송수신하는 서비스가 보급될 것으로 예측되므로, Android 10 이후의 OS에는 다음과 같은 기능이 도입되었습니다.

❶ 디스플레이 대화면화를 위해 접이식 단말기를 사용할 때 화면을 열고 닫을 때 발생하는 표시 차이를 매끄럽게 전환하는 기능.

❷ 멀티 카메라를 탑재한 디바이스에서 피사체와 배경의 거리 정보[1]를 얻어, 배경 흐림을 소프트웨어로 가공하는 기능.

❸ 5G 접속 가능 / 종량제를 판단하는 인터페이스를 제공하여 5G 환경에 특화된 서비스 개발 지원.

애플리케이션 처리의 성능면에서의 진화

5G 단말에 탑재하는 애플리케이션 처리 칩으로는 스냅드래곤(Snapdragon) 프로세서가 탑재됩니다.

스냅드래곤은 CPU뿐만 아니라, GPU나 ISP(Image Signal Processing, 카메라의 영상 신호를 처리하는 프로세서)를 포함하고, 애플리케이션 전체를 제어하는 시스템으로서 동작하므로 SoC(System on a Chip)의 역할을 합니다(그림 5-8).

Android OS는 SoC 성능 향상도 고려하고 있으며, GPU의 최신 드라이버를 구글 플레이에서 다운로드하는 기술을 제공함으로써 게임 처리의 쾌적성 향상에 도움을 줍니다.

또, SoC에 포함되는 디바이스 온도 정보를 애플리케이션에 통보하고, 발열 상황에 따라 동작을 제한하고 열 폭주를 방지합니다.

---

1 이것을 피사계 심도라 부르며, 카메라 초점이 맞는 범위를 의미합니다.

그림 5-7 　5G 애플리케이션 진화 준비

앱	통신 속도
메일 / LINE	128kbps ～ 1Mbps
브라우저	1～10Mbps
YouTube	5～25Mbps 해상도 의존
Google Play	모바일 회선 의존

접이식 개폐로 UI 표시가
원활하게 전환

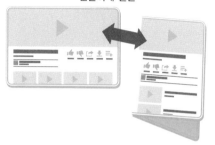

Android 10 기능	목적
멀티 카메라	배경 흐름이 있는 카메라 이미지 작성
5G 접속 확인	새로운 5G 동작 개발
발열 제어	디바이스 성능 개선
GPU 드라이버 갱신	게임 성능 최적화

Chapter 5

5G 스마트폰의 애플리케이션 처리 기술

그림 5-8 　SoC가 지원하는 기능

SoC

CPU	ISP
GPU	캐시 메모리
기타	

Snapdragon 865

칩	역할
ISP	● 4K/8K 동영상 지원 ● 표준/망원/광각의 정지화 카메라 영상을 조합해 자유롭게 가공 가능
GPU	게임 처리 고속화에 사용
CPU	단말 시스템 전체를 고속 동작시키는 프로세서
캐시 메모리	● CPU와 조합해 동작하는 고속 메모리 ● 단말기의 반응성에 공헌

출처 : Qualcomm(URL : https://www.qualcomm.com/products/snapdragon-865-5g-mobile-platform)

Point

✔ 안드로이드 OS는 5G와 함께 진화하는 디스플레이나 멀티 카메라를 이용해 5G 특유의 애플리케이션을 만드는 시스템을 갖추고 있다.

✔ Android는 SoC의 성능을 최대화하는 기능도 지원하며, 애플리케이션을 고속으로 작동시키면서 안정적으로 작동하는 시스템을 제공한다.

≫ 5G 스마트폰의 모양

통신 속도와 디스플레이의 관계

스마트폰의 통신 속도는 디스플레이 해상도와 밀접하게 관련되어 있습니다. 그림 5-9는 유튜브 재생 시 필요한 화면 크기와 해상도의 관계를 보여줍니다. 해상도가 클수록 화면의 정밀도가 높아지고, 더 빠른 데이터 통신 속도가 필요합니다.

하지만, 스마트폰처럼 작은 디스플레이에서 풀HD 이상의 WQHD[2]와 같은 해상도는 사람 눈으로 구별할 수 없고, 4K 동영상 시청은 5G 통신 속도를 다 사용하지 못하는 상황입니다(그림 5-9).

그 밖에 통신 속도와 관련된 디스플레이의 특징으로서 **리프레시 레이트**(재생률)가 있습니다. 리프레시 레이트는 화면을 얼마나 자주 업데이트하는지 나타내는 지표로, 움직임이 빠른 스포츠 동영상은 60Hz가 일반적입니다.

또 동영상 콘텐츠 자체의 프레임 레이트[3]도 리프레시 레이트와 같아야 하므로 5G를 이용하는 60프레임/s 이상의 동영상 콘텐츠가 앞으로 늘어날 것으로 생각됩니다(그림 5-9).

5G 스마트폰 형상의 진화

5G 고속 통신의 이점을 살리는 서비스 실현을 위해서는 아무래도 대화면이면서도 모바일성을 가진 디스플레이가 필요합니다.

그러다 보니 내구성의 문제 등이 있어 아직 시장에 많이 보급되진 않았지만, 화면을 접어서 사용하는 스마트폰이 등장하기 시작하고 있습니다.

폴딩 방식의 스마트폰을 그림 5-10에 나타냈습니다. Android10에는 이미 **접이식 단말의 디스플레이**를 지원하는 기능이 탑재되어 있으며, 2022년 국내에서는 이미 접이식 휴대폰 시장이 활성화되었고 현재 다양한 애플리케이션이 접이식 디스플레이를 지원하고 있습니다.

---

2 HD 화질(1,280×720)의 4배 해상도. 그림 5-3의 QHD+는 WQHD를 세로 방향으로 연장한 디스플레이.
3 콘텐츠가 1초에 몇 장의 이미지를 갱신하는지 나타내는 빈도.

그림5-9 YouTube 재생 시 필요한 화면 크기와 해상도의 관계

(1)해상도와 통신 속도의 관계

동영상 해상도	YouTube 시청 시 회선 통신 속도
8K	80 ~ 100Mbps
4K	25 ~ 40Mbps
WQHD	10Mbps
풀HD	5 Mbps

(2)해상도의 종류

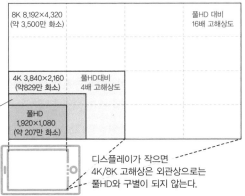

8K 8,192×4,320
(약 3,500만 화소)

풀HD 대비
16배 고해상도

4K 3,840×2,160
(약829만 화소)

풀HD대비
4배 고해상도

WQHD
2,560×1,440
(약370만 화소)

풀HD
1,920×1,080
(약 207만 화소)

디스플레이가 작으면
4K/8K 고해상은 외관상으로는
풀HD와 구별이 되지 않는다.

(3)리프레시 레이트와 통신 속도의 관계

60Hz

144Hz

144Hz시 데이터 통신 속도는
60Hz시의 2.4(=144/60)배 필요하지만,
2.4배 매끄럽게 화상이 표시된다.

그림5-10 접이식 디스플레이의 종류

3단 접이식 형태

세로 접이식 형태

가로 접이식 형태

Point

✔ 5G 고속 통신의 영향을 가장 받는 것은 디스플레이다. 고화질화와 리프레시 레이트의 고속화가 필요하다.

✔ 모바일성을 유지하면서 화면을 키울 수 있는 접이식 디스플레이는 스마트폰의 형태를 이전과 완전히 다르게 만들 가능성이 있다.

Chapter
5

5G 스마트폰의 모양

≫ 5G 스마트폰의 카메라 영상

5G 스마트폰 멀티 렌즈 카메라 구현 기술

스마트폰의 통신 속도가 빨라지면, 다루는 콘텐츠도 영향을 받게 되고, 특히 카메라의 성능이 높아질 것으로 예상됩니다.

구체적으로는 4K/8K로 촬영한 고화질 동영상을 업로드하여 TV로 시청하는 형태의 보급을 생각할 수 있습니다.

스마트폰에 장착된 카메라를 이해하기 위해, 기본 원리를 그림 5-11에 나타냈습니다.

스마트폰의 카메라는 ❶빛을 모으는 렌즈, ❷렌즈에서 들어온 빛을 아날로그 전기 신호로 변환하는 이미지 센서, ❸이미지 센서에서 출력되는 디지털 데이터에 이미지 처리를 수행하는 ISP(Image Signal Processor : 이미지 신호 처리 프로세서)로 구성됩니다.

이미지나 동영상의 화질을 높이려면, 이미지 센서 크기(화소 수)와 렌즈 크기/밝기가 큰 요인을 차지합니다.

하지만, 스마트폰은 작고 얇아야 하므로 초점 거리가 다른 복수의 소형 렌즈를 병렬로 배치(멀티 렌즈 카메라)하고 각 렌즈를 적절히 전환해 사용함으로써, 고급 카메라의 광학식 줌 기능을 실현합니다.

ToF 센서로 SLR의 배경 흐림 생성

ISP는 영상과 관련된 다양한 처리를 합니다. 예를 들어, 화이트 밸런스 조정 / 오토 포커싱 / 8K 고해상도 데이터의 고속 디지털 처리는 ISP 내에서 수행됩니다.

이 외에 사진에 배경 흐림을 넣는 ToF(Time of Flight) 카메라의 영상도 ISP에서 디지털로 처리합니다(그림 5-12). ToF 카메라의 원리는 피사체와 배경에 레이저 광을 쏴서 수광 렌즈로 돌아올 때까지의 시차 정보를 센서에 기록하는 것입니다. 그 정보를 바탕으로 각각 다른 물체로 인식하고 소프트웨어로 배경을 흐리게 처리함으로써 피사체가 돋보이게 촬영할 수 있습니다.

그림 5-11 멀티 렌즈 카메라의 원리

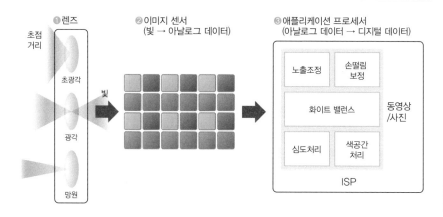

① 렌즈
초점
거리
초광각
빛
광각
망원

② 이미지 센서
(빛 → 아날로그 데이터)

③ 애플리케이션 프로세서
(아날로그 데이터 → 디지털 데이터)

노출조정 손떨림
           보정

화이트 밸런스   동영상
                          /사진

심도처리 색공간
          처리

ISP

그림 5-12 ToF를 사용해 배경을 흐리게 하는 이미지 처리

레이저광
거리 이미지 센서
ISP
심도 처리
수광 렌즈

① 피사체와 배경의 거리 정보를
   센서로 기록

② 배경과 피사체를 별개의 물체로서 이미지를 가공함으로써
   피사체를 강조하는 영상을 소프트웨어 처리해 작성할 수 있다.

피사계 심도가 깊다

피사계 심도가 얕다

Point

✔ 통신 속도가 빨라진 5G에서는 영상물 업로드가 더욱 보급되고, 고화질 고정밀 이미지와 동영상을 촬영할 수 있는 스마트폰이 필요해진다.

✔ 스마트폰의 얇은 형태상의 제약으로 초점 거리가 다른 카메라를 나열해서 촬영하고 소프트웨어로 고화질 처리하는 것이 일반적이다.

≫ 5G 스마트폰의 게임 처리

5G 스마트폰은 게임 스마트폰의 대표

스마트폰 게임에서도 3D 그래픽으로 고화질 영상을 즐기면서 여러 사람이 온라인으로 실시간 플레이하는 것이 당연해졌습니다.

하지만, 사양이 낮은 스마트폰에서는 플레이 도중에 '메모리가 부족합니다' '처리 속도를 우선하기 위해 렌더링 품질을 낮춥니다' 등의 메시지가 표시되는 일이 있습니다. 그래서 게임에 적합한 일정한 조건을 만족하는 스마트폰을 **게이밍 스마트폰**이라고 부르게 되었습니다(그림 5-13).

5G 스마트폰에 들어가는 '스냅드래곤 865' 애플리케이션 프로세서에는 '**스냅드래곤 엘리트 게이밍**(Snapdragon ELITE GAMING)'이라는 브랜드명이 붙어있습니다. 이는 게이밍 스마트폰 사양을 만족한다는 것을 나타냅니다.

클라우드 게임과 온라인 게임

이제까지의 게임은 애플리케이션을 다운로드한 후, 온라인으로 서버와 통신을 하면서 플레이하지만, 게임 처리는 스마트폰 프로세서로 실행합니다.

반면에, **클라우드 게임**은 스트리밍 형태로 게임 서비스를 제공합니다. 플레이어는 컨트롤러 조작을 인터넷을 통해 클라우드에 전달하고, 클라우드에서 실제 게임을 처리한 결과를 영상으로 사용자에게 전달하여 게임을 플레이합니다. 클라우드 게임을 실현하기 위해서는 대용량, 저지연 전송이 보증될 필요가 있습니다(그림 5-14).

클라우드 게임의 장점은 인터넷에 연결되어 있고, 리프레시 레이트가 높은 디스플레이를 갖춘 단말기만 있으면 고도의 대전 게임을 손쉽게 즐길 수 있다는 것입니다. 향후 5G 지원 지역이 정비되면 서비스가 보급될 것으로 기대됩니다.

그림 5-13 게이밍 스마트폰의 조건

디바이스	사양	내용
CPU	Snapdragon ELITE GAMING 브랜드 SoC	데이터 처리 속도의 고속성. 반응성 지표
GPU		그래픽 처리에 특화된 데이터 처리 능력의 지표. 게임 퍼포먼스에 영향
RAM	8G 이상	데이터를 처리하는 임시 기억 영역. 용량이 클수록 앱 전환이 빠르다
ROM	128G 이상	데이터를 보존할 수 있는 기록. 사진, 동영상, 게임 앱의 데이터를 보존
디스플레이	리프레시 레이트 60Hz 이상	매끄러운 화면 표시 성능을 나타내는 지표
	HDR 지원	'High Dynamic Range'의 줄임말. 명암 표현폭을 기존보다 확대하고 고대비 표현을 가능하게 하는 기술
오디오	Hi-Res 지원	'High resolution audio'. CD 음질을 뛰어넘는 고해상 음원을 지원하는 이어폰/헤드셋으로 게임을 즐길 수 있는 기술

출처 : Qualcomm(URL : https://www.qualcomm.com/products/smartphones/gaming)

그림 5-14 5G 통신을 활용한 클라우드 게임의 형태

통신	클라우드 게임		온라인	오프라인
	발생		발생	발생하지 않는다
렌더링 처리	클라우드		단말 내 GPU	단말 내 GPU
통신형태	스트리밍		다운로드/커맨드	다운로드
회선	5G 대용량, 저지연 전송		일반 4G 고속통신	없음

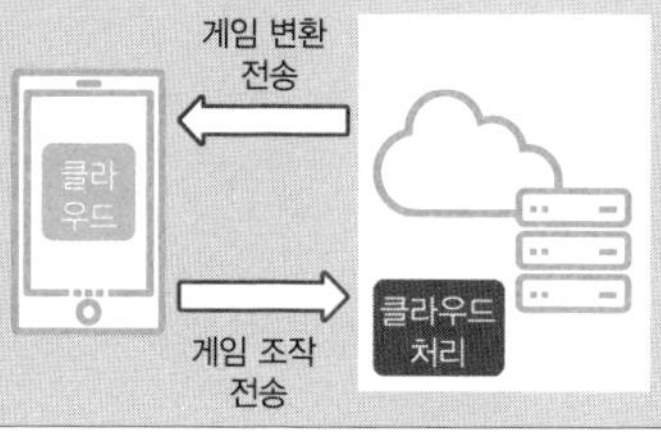

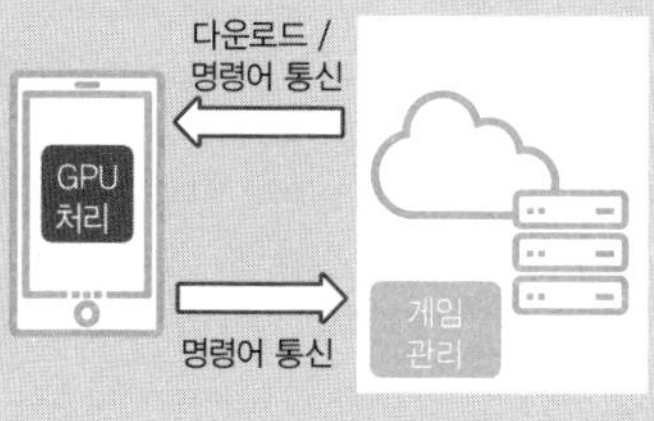

Point

✔ 스마트폰이 '스냅드래곤 엘리트 게이밍' 브랜드명을 사용하면 게이밍 스마트폰의 조건이 만족된다.

✔ 5G 무선을 사용하는 클라우드 게임은 5G의 대용량, 저지연 서비스 실현이 필수적이며 보급에는 5G 지역의 정비도 중요하다.

≫ 5G 스마트폰을 활용한 VR 처리

360° 카메라와 VR 시청의 관계

5G로 통신이 고속화되자, 지금까지 통신 대역 부족으로 실현하기 어려웠던 동영상 배포 서비스 보급이 기대를 모으고 있습니다.

그중에서도 **360° 카메라**로 촬영한 파노라마 영상을 VR(Virtual Reality: 가상 현실)로 즐기는 서비스가 검토되고 있습니다(그림 5-15).

360° 카메라는 바디 앞뒤로 렌즈를 갖추고, 2대의 카메라로 촬영한 동영상을 USB/Wi-Fi를 통해 스마트폰에 전송합니다. 전송된 이미지는 전용 애플리케이션에서 180° 영상을 매끄럽게 연결한 다음 360°로 변환하는 디지털 처리를 거치면, 페이스북이나 유튜브 계정으로 실시간 배포할 수 있습니다.

배포된 영상은 스마트폰이나 컴퓨터로 360° 볼 수 있는 동영상으로 시청할 수도 있지만, **VR 고글**을 준비하면 촬영자가 체험하는 것과 같은 경치에 몰입할 수 있게 됩니다.

VR 고글을 지원하는 스마트폰

스마트폰으로 유튜브 동영상을 볼 때, 3D 재생을 지원하는 동영상은 화면 오른쪽 아래에 헤드셋(VR 고글) 아이콘이 표시됩니다.

이 아이콘을 탭하면 화면이 2분할된 VR 모드가 시작됩니다. VR은 좌우 시점에 각각 다른 영상을 준비하고, 두 영상을 합성함으로써 입체적으로 보이게 하는 기술을 이용합니다(그림 5-16).

360° 동영상의 경우 모든 방위로 경치가 연결되어 있고, 영상에 깊이감이 있다는 점이 일반 동영상과의 차이입니다. VR 고글을 착용한 머리 움직임에 연동하여 360° 영상의 방향이 보이므로 촬영 시 현장감을 체험할 수 있습니다.

VR 고글에 장착한 스마트폰 내의 센서가 머리의 회전이나 기울기를 감지하여 촬영된 360° 이미지를 트래킹하여 실현합니다.

그림 5-15 360° 카메라 고화질 영상 업로드

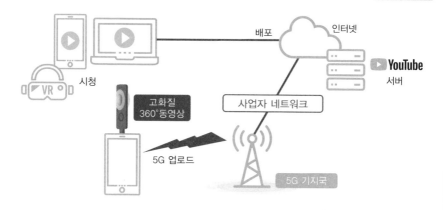

그림 5-16 VR(가상 현실) 영상 구조

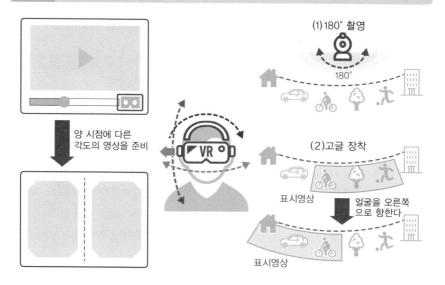

Point

✔ 5G로 360° 카메라를 사용한 VR 영상을 스마트폰으로 라이브 스트리밍하는 예를 생각할 수 있다.

✔ 스마트폰에 내장된 센서를 머리 움직임과 연동하면, 360° 영상을 시청하는 VR 고글로 사용할 수 있다.

» 5G 스마트폰의 저소비 전력화

5G 스마트폰의 서투른 처리

5G 스마트폰의 배터리 지속 시간은 4G보다 약간 짧아지는 경향이 있어, 배터리 용량이 이전보다 커졌습니다(그림 5-17).

스마트폰의 내부 상태는 크게 ❶ 대기 중 ❷ 통신 중 두 가지로 분류되며, 통신 패킷의 유무에 의해 서로 전환됩니다.

NSA 방식(4-7절 참조)으로는 5G 단말기도 대기 중 4G 신호를 수신하면 동작하므로, 전류 소비는 4G 단말기와 같습니다(그림 5-17).

대기 중에 패킷 통신이 발생하면 5G 통신을 시작하는데, 라우터를 송수신하는 대역이 4G보다 훨씬 넓기 때문에 패킷 통신이 발생하지 않는 ❸ 대기 중 상태에서도 정상적으로 무선부 전류값이 커집니다.

산발적으로 소량의 패킷이 발생하는 브라우징이나 메신저와 같은 동작은 통신과 패킷 대기 상태를 반복하기 때문에 소비 전류가 4G보다 증가합니다.

한편 대용량 파일 업로드나 다운로드 처리에서는 고속으로 패킷을 송수신하고 무선부를 효율적으로 사용하고, 통신하는 패킷이 없어지면 4G보다 빨리 대기 중으로 돌아오므로 전류를 절감할 수 있습니다.

통신 대역 최적화로 전력 절감

5G 스마트폰은 광대역 통신을 하지만, IoT용 소형 무선 기기에는 명백히 오버스펙 통신이 되므로 기기의 무선 통신 능력에 맞게 **통신 대역을 좁히는 대역 제어 방식**이 지원됩니다.

스마트폰의 저소비 전력화는 이 가변 대역 제어를 이용하며, **패킷량이 적을 때**에는 통신 대역을 좁혀 통신함으로써 소비 전력을 줄이도록 검토됩니다.

그림 5-18의 스트리밍 통신처럼 수신 패킷량이 크게 변동할 경우, 동적으로 대역폭을 증감시켜 전류 소비를 억제할 수 있습니다. 현재 상용 서비스로는 아직 실현되지 않았지만, 향후 5G 단말기의 배터리 성능 향상이 기대됩니다.

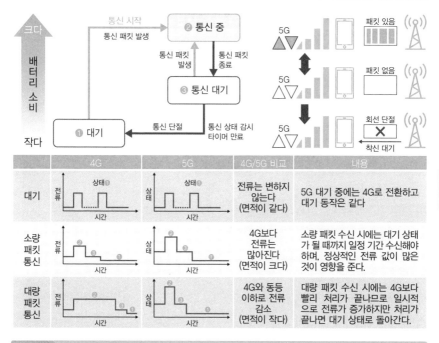

그림 5-17 5G 통신의 내부 상태와 전류 특성

	4G	5G	4G/5G 비교	내용
대기			전류는 변하지 않는다 (면적이 같다)	5G 대기 중에는 4G로 전환하고 대기 동작은 같다
소량 패킷 통신			4G보다 전류는 많아진다 (면적이 크다)	소량 패킷 수신 시에는 대기 상태가 될 때까지 일정 기간 수신해야 하며, 정상적인 전류 값이 많은 것이 영향을 준다.
대량 패킷 통신			4G와 동등 이하로 전류 감소 (면적이 작다)	대량 패킷 수신 시에는 4G보다 빨리 처리가 끝나므로 일시적으로 전류가 증가하지만 처리가 끝나면 대기 상태로 돌아간다.

그림 5-18 5G 통신 대역 가변 제어

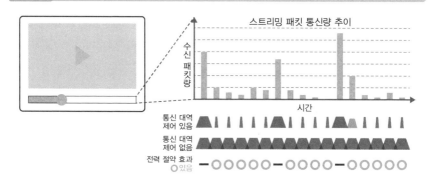

Point

✔ 5G 스마트폰은 정상적으로 발생하는 전류가 크기 때문에, 소량 패킷으로 산발적으로 통신할 경우 배터리 지속 시간이 짧아지는 경향이 있다.

✔ 5G는 IoT 기기와 같은 저사양 기기가 대역폭을 좁혀서 통신하는 방식을 지원하고 있어, 스마트폰 저전력화에도 응용할 수 있다.

» 5G 스마트폰 발열 대책

성능을 고려한 발열 제어의 중요성 \\

스마트폰으로 3D 게임이나 동영상 촬영을 장시간 하면, CPU에 높은 부하가 걸려 열이 발생합니다. 발열이 일정 기준을 넘으면 저온 화상 위험이 있고, 내부 부품 파손을 막기 위해서 **온도 상승을 억제하는 제어** 기능이 동작합니다(그림 5-19). 단말기 내부에는 주요 하드웨어 온도를 측정하는 센서가 있고, 온도 정보가 소프트웨어에 수집되어 이상을 감시합니다. 소프트웨어는 온도가 상승하면 CPU나 GPU 프로세서의 클럭[4]을 낮추는데, 이때 성능도 함께 저하되어 터치 패널의 반응이 둔해지기도 하므로 조정할 때 주의할 필요가 있습니다.

그러므로 발열을 제어하는 과정에서 느낌으로 알기 어려운 단말기 성능을 점수로 수치화해 확인합니다.

대표적인 방법으로는 **AnTuTu**라는 애플리케이션으로 화면 표시 속도, 게임 성능 테스트 결과를 점수화합니다(그림 5-19).

단말기의 발열 제어는 성능 향상과 밀접한 관계가 있으며, 단말기를 원활히 사용하려면 균형있게 잘 조정해야 합니다.

5G 통신의 온도 상승 제어 알고리즘과 단말기의 열 설계 \\

5G 단말기에는 통신 중 온도 상승을 억제하는 방안도 고려되어 있습니다. 그림 5-20처럼 ❶ 데이터 통신 중 송신 전력을 낮추고 ❷ 통신 중 데이터에 제한을 걸어 송수신하지 않는 기간을 늘리는 제어 방식이 일반적입니다.

게다가 5G에서는 ❸ 최종적으로 5G 통신을 정지하고 4G 통신으로 전환하지만, 이래서는 5G 단말기를 사용하는 의미가 없습니다.

5G 단말기는 소비 전력도 크고 온도가 4G보다 상승하기 쉽기 때문에, 단말기 자체에서 구조적으로 열이 모이지 않게 **단말기 전체로 분산시켜서 온도가 상승하지 않도록 하는 근본적인 열 대책**이 필요합니다.

---

4 장치가 작동하는 속도. 빠를수록 처리 속도는 빠르지만 전력 소비가 많아집니다.

그림 5-19 5G 스마트폰의 온도 감시와 성능 평가

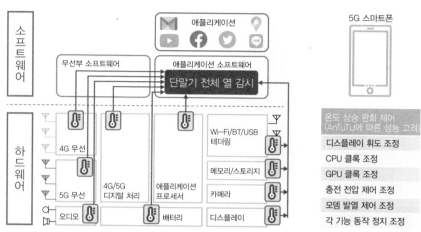

스코어	AnTuTu 평가 내용
CPU	단말기 전체의 종합 성능을 평가하고 스코어는 반응이나 표시 속도 등에 영향
GPU	게임 등의 그래픽 성능을 평가하고 스코어는 특히 3D 게임에 영향
UX	사용자 경험을 평가하고 응답 속도, 표시 속도, 부드러움 등의 사용감에 영향
MEM	메모리 스코어. RAM이나 ROM의 읽고 쓰는 속도를 평가하고, 스코어는 어플리케이션의 시작 속도나 전환 시간에 영향

그림 5-20 5G 통신의 온도 제어

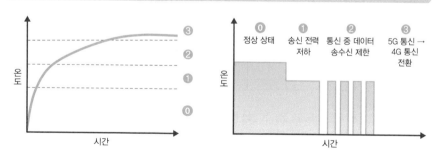

Point

✔ 5G 스마트폰을 편하게 사용하려면 성능을 고려해 발열 제어를 해야 한다.

✔ 5G 스마트폰은 송수신 제한만으로는 발열을 완벽히 제어할 수 없기 때문에 단말기 자체적으로 열이 오르기 어렵도록 설계해야 한다.

스마트폰의 디바이스 성능 벤치마크(AnTuTu)

스마트폰의 성능을 알아보기 위해 이용하는 AnTuTu 앱은 https://www.antutu.com에서 애플리케이션을 다운로드하여 설치할 수 있습니다.

벤치마크는 CPU 성능, GPU 성능, 메모리 성능, 사용자 경험 4가지 부분에서 테스트하고 종합 스코어를 표시합니다(5-10절 참조).

스마트폰이 측정한 결과는 같은 애플리케이션으로 테스트한 다른 단말기와 비교하거나 순위를 파악할 수 있으므로 열이 과도하게 발생하지 않고 성능도 열화되지 않도록 조정할 수 있습니다.

AnTuTu 애플리케이션 표시 화면

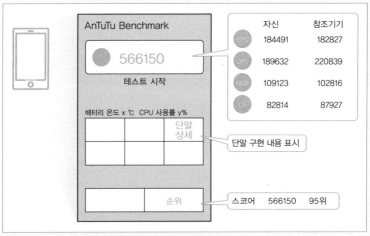

그 밖에도 자세한 단말기를 확인하면 구현 디바이스나 소프트웨어에 대한 상세 정보를 한눈에 볼 수 있어, 스마트폰의 정보를 자세히 알고 싶다면 쉽게 정보를 수집할 수 있습니다.

5G 스마트폰의
동작 원리

IoT 기기를 포함하는 스마트폰과
네트워크의 관계

≫ 5G 스마트폰 통신 기술의 발전

5G 고속통신은 안테나/무전기의 데이터 다중화를 통해 실현

5G 통신 기술은 4G에서 조금씩 진화한 통신 고속화 요소기술과 4G를 계속해서 사용하는 기술로 구성됩니다. 그림 6-1에 3GPP[1]에서 표준화된 기술의 변화 추이를 나타냈습니다(각각의 상세 기술은 나중에 설명합니다).

통신 고속화 요소기술은 안테나나 주파수 대역을 다수 사용하여 데이터를 한 번에 송수신하는 ❶~❸의 4G 기술을 5G용으로 진화시킨 기술입니다.

> ❶ 안테나 여러 개를 사용해 송수신 데이터를 다중 통신하는 MIMO(Multi − Input Multi − Output) 안테나 기술 (3-5절 참조)
>
> ❷ 다른 주파수끼리 결합해 다중 통신을 실현하는 캐리어 어그리게이션 기술(3-2절 참조)
>
> ❸ 4G가 5G 통신을 보조하면서 동시에 데이터 송수신을 하는 Dual Connectivity 기술(4-7절 참조)

5G 스마트폰에서는 이런 기술을 조합해 고속화를 실현하지만, 그림 6-2에서 나타내듯이 음성이나 IoT 통신과 같은 기술에서는 계속해서 4G가 사용됩니다.

5G 통신으로 부족한 기능은 4G로 보완한다

5G의 시스템 구현 기술은 NSA(Non-Stand Alone) 방식과 SA(Stand Alone) 방식의 두 가지 사양이 책정되었습니다.

초기 5G 서비스는 NSA 방식을 사용한 것이 주류였습니다. NSA 방식은 4G와 5G 모두에서 통신에 사용하지만 각각 역할은 다릅니다.

4G는 기지국과 모바일 기기 간의 접속을 확립/유지하는 역할(Control Plane)을 담당하고 5G는 인터넷을 사용한 데이터 통신을 고속화하는 역할로 한정합니다(User data Plane). 이를 C/U 분리[2]라고 부르며, 4G에서 진화한 기술이 이용됩니다.

1　Third Generation Partnership Project. 신규 무선 기술을 Rel.(Release)이라는 범위로 구분하여 사양을 검토하고 표준화하는 국제적인 프로젝트.

2　셀 범위가 다른 스몰/매크로 셀 간에 제어/유저 데이터를 분리 운용하는 기술.

그림6-1 5G 스마트폰 통신 기술의 진화

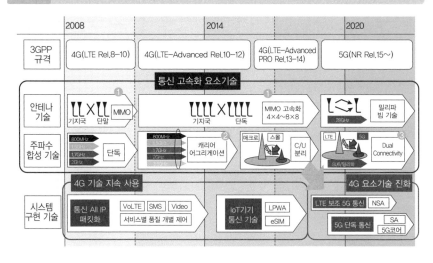

그림6-2 데이터 통신 고속화 방법

분류	요소기술	설명	5G 진화/ 계속사용
통신 고속화	C/U 분리 Dual Connectivity	• 전파 도달 거리의 차이를 활용하는 기술 • 5G NSA 방식에 응용하여 조기 5G 서비스 실현	진화
음성 관련 기술	VoLTE / SMS / Vidoes	• 음성이나 비디오 데이터를 인터넷 통신과 같은 IP 패 킷 통신으로 일원화해 관리하는 기술 • 4G로도 충분한 품질과 성능을 만족한다	계속
IoT 기술	LPWA	• Low Power Wide Area 통신 기술은 4G에서 상 용화 완료 • 5G 요건을 거의 충족함	계속
	eSIM	Embedded(내장형) SIM은 IoT 기기/로컬 5G에 응 용하여 서비스 보급을 전망할 수 있다	계속

Point

✔ 5G 고속 통신은 4G에서 진화한 요소기술을 조합해 고속화하지만, 음성 통신과 같
은 기술은 4G를 계속 사용한다.

✔ 5G의 NSA 방식은 시스템 동작으로서 부족한 기술을 4G에서 받아들여 4G와 5G
로 보완하는 초기 서비스 방식이다.

›› 5G 스마트폰의 네트워크 접속 기술

5G 기지국에 접근하는 방법

5G 스마트폰이 네트워크에 접속하는 방법은 중간까지는 4G 스마트폰과 같습니다
(그림 6-3). 단말의 전원을 켜면, ❶ 4G 기지국에서 사업자 코어망에 등록합니다.
이 기본 동작을 **어태치**라고 부르며, 이때 통신에 필요한 IP 주소가 단말에 할당됩니
다[3]. 4G 기지국은 5G와 연계한다는 관점에서 두 종류가 있으며, 5G 기지국과 연계
하는 기지국 enhanced LTE(**eLTE**)와 단독으로 동작하는 기지국(LTE)이 있습니다.
어태치 처리 후에는 대기 상태에 들어가는데, 여기까지는 4G와 동일합니다.

❷ 다음으로 모바일 기기에서 데이터 통신이 발생하면, eLTE 기지국은 5G 기지국
셀과 협조하여 동작할 수 있도록 '5G 셀 추가'를 준비합니다.

❸ eLTE 기지국은 기지국 접속 방식이 4G 단독에서 5G와의 협조 동작으로 변경했
음을 '기지국 접속 Reconfiguration(재구성) 메시지'로 스마트폰에 알립니다.

❹ 스마트폰은 메시지를 처리하면, 5G 셀에 연결하고 Dual Connectivity로 '5G 접
속 확립'이 완료됩니다.

5G 픽토그램 표시 타이밍

모바일 기기가 5G 픽토그램을 표시하는 타이밍은 대기/통신 중 상태, eLTE/LTE 접
속 기지국에 따라 달라집니다(그림 6-4). 스마트폰은 5G 기지국과 통신할 때 5G로
표시되고, LTE를 사용하여 동시에 통신하는 경우에도 5G 픽토그램이 표시됩니다.

통신이 끝나면 5G 기지국과 연결을 끊고 eLTE 기지국에서 대기 상태가 되지만(5-9
절 참조), 대기에서 통신 상태로 전환하여 언제든지 5G로 통신할 수 있는 상태이므
로 대기 중에도 5G 픽토그램이 표시됩니다. 한편으로 LTE 기지국에서 대기/통신을
하는 경우에는 4G로 표시되지만, eLTE 기지국이라도 의도적으로 4G 통신을 사용
하는 경우에는 4G로 표시되기도 합니다[4].

---

3 전원을 끌 때 네트워크 등록을 삭제하는 처리는 '디태치'(분리)입니다.

4 예를 들면, 발열이나 온도 상승으로 5G 연결을 끊고 4G로 통신하는 경우가 있습니다(5-10절 참조).

그림6-3 5G 스마트폰의 네트워크 접속 동작

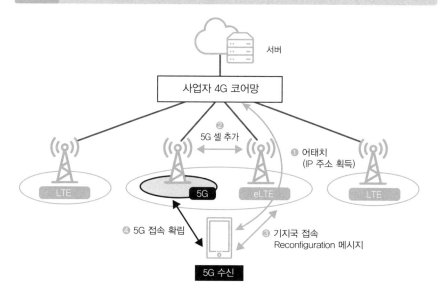

그림6-4 5G 픽토그램 표시 타이밍

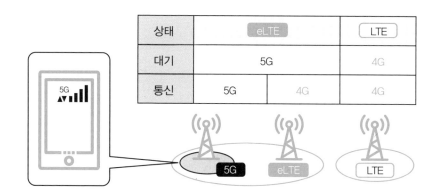

상태	eLTE		LTE
대기	5G		4G
통신	5G	4G	4G

Point

✔ 스마트폰의 5G 접속 동작은 4G와 중간까지는 동일하다. 5G 기지국은 4G에 추가 되는 형태로 구성을 바꿔 5G에 액세스할 수 있게 된다.

✔ 5G의 대기 동작은 4G 상에서 이루어지지만, 언제든 5G 통신이 가능하기에 5G 픽 토그램이 표시된다.

≫ 5G 스마트폰의 데이터 통신 고속화

5G와 LTE 동시 통신의 원리

5G 상용 서비스에서는 다운링크 최대 4Gbps 전후의 통신 속도를 달성하기 위해 LTE와 5G 동시 통신 기능을 지원하고 있습니다.

동시 통신이 항상 일어나는 일은 아닙니다. 대용량 콘텐츠를 연속으로 송수신하는 상황이 아니면 발생하지 않으며, 보통은 5G를 우선해서 통신이 이루어집니다. 그림 6-5에 동시 통신의 원리를 설명했습니다.

❶ 모바일 기기는 서버로부터 5G 기지국을 경유해 데이터를 수신하지만, 기지국 쪽에서는 모바일 디바이스의 데이터 수신량을 상시 모니터링하고 있다.

❷ 데이터 수신량이 증가해 일정 기준을 넘으면 데이터를 분할하여 5G와 4G를 사용한 통신이 이루어진다.

모바일 디바이스에선 5G와 LTE로 동시에 수신한 데이터를 소프트웨어로 합성함으로써 서버가 보내는 데이터를 바르게 수신할 수 있습니다[5].

테더링과 모바일 라우터의 차이

스마트폰에서는 테더링 기능을 사용하는 경우에도 고속 데이터 통신이 발생합니다. 테더링은 tether(묶다)를 의미하며 다른 디바이스와 로컬 통신으로 연결합니다.

로컬 통신의 종류는 목적에 따라 여러 종류가 있으나, 성능이 인터넷 통신 시 병목 현상을 일으키는 경우가 있어 주의가 필요합니다.

한편으로 데이터 통신에 특화된 모바일 라우터형 단말기는 로컬 통신과 인터넷 통신의 성능을 모두 향상시키고자 Wi-Fi 및 USB 최신 규격을 더 빠르게 지원하는 경향이 있습니다(그림 6-6).

또 스마트폰에서 발생하는 두께의 제약이 없으므로 유선 LAN을 탑재하거나 안테나 성능을 최대화할 수 있어 쾌적하게 인터넷 통신을 할 수 있습니다.

---

5 데이터 전송 시 동시 통신에 관해서도 스마트폰이 버퍼 내의 송신 데이터량을 관리하여 필요성을 결정합니다.

그림 6-5 5G 스마트폰의 5G, LTE 동시 통신의 원리

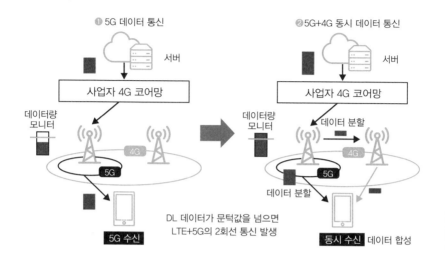

❶ 5G 데이터 통신

❷ 5G+4G 동시 데이터 통신

서버

사업자 4G 코어망

데이터량
모니터

4G

5G

DL 데이터가 문턱값을 넘으면
LTE+5G의 2회선 통신 발생

5G 수신

서버

사업자 4G 코어망

데이터량
모니터

데이터 분할

4G

5G

데이터 분할

동시 수신 데이터 합성

그림 6-6 테더링과 모바일 라우터의 차이

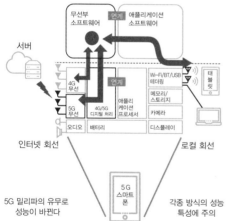

무선부
소프트웨어

애플리케이션
소프트웨어

연계

서버

4G
무선

연계

Wi-Fi/BT/USB
테더링

태
블
릿

5G
무선

4G/5G
디지털 처리

애플리
케이션
프로세서

메모리/
스토리지

카메라

오디오

배터리

디스플레이

인터넷 회선

로컬 회선

5G
스마트
폰

5G 밀리파의 유무로
성능이 바뀐다

각종 방식의 성능
특성에 주의

로컬/인터 넷 회선	스마트폰 테 더링 5G 통 신 속도	모바일 라우 터 5G 통신 속도	설명
Wi-Fi	△	○	스마트폰 테더링은 Wi-Fi 최신 규격에 대응할 수 없는 경우가 많다.
USB	○	○	Wi-Fi 테더링보다 고속이 지만, 복수 단말에 동시 접속은 할 수 없다. 스마트폰과 라우 터에 큰 차이가 없다.
Blue tooth	×	–	배터리에는 좋지만 통신 속 도가 느리고 고속 통신에는 적합하지 않다. 모바일 라우 터는 지원하지 않는다.
유선 LAN	–	◎	가장 빠르지만 스마트폰에서 지원되지 않는다.
인터넷 회선(5G)	○	◎	모바일 라우터는 데이터 통 신에 특화된 단말로 무선 성 능을 최적화하기 쉽다.

◎ : 초고속   ○ : 고속   △ : 빠름   × : 느림   – : 지원하지 않음

Point

✔ 5G는 4G와 협력하여 통신 속도를 극대화하는 기능이 있지만, 대용량 콘텐츠를 송
수신할 때 사용되며 보통은 5G만으로 통신한다.

✔ 테더링도 5G 고속 통신을 이용하지만, 기기와 연결된 통신 부분의 영향을 받기 쉽
고 모바일 라우터보다 성능이 떨어지는 경향이 있다.

» 5G 스마트폰의 음성 통신

음성 통신을 4G로 하는 이점

5G 상용 서비스에서 음성 통신은 4G를 사용한 **VoLTE**(Voice over LTE)로 이루어집니다.

VoLTE는 3G에서 하던 음성 전용 회선 통화가 아니라, 통신 패킷을 'IP 주소'에 근거하여 상대에게 보내는 패킷 통신 방식을 이용하고(4-2, 4-3절 참조), **IMS**(IP Multimedia Subsystem)[6]라는 멀티미디어 통합 서비스를 통해 음성 통신을 실현하는 기술입니다. 사업자 코어망에서는 인터넷 통신을 포함한 다양한 서비스 유형의 패킷을 모두 **IP 패킷**으로 관리하며, 통신 품질이나 패킷 전송 지연의 우선순위를 결정하는 역할을 합니다.

예를 들어 인터넷을 통한 LINE 통화와 VoLTE는 혼잡 또는 이동 중 통신 품질이 완전히 다릅니다(그림 6-7). VoLTE의 음성 품질은 주파수 대역이 50Hz~7kHz까지로 넓고, 음성을 샘플링하여 디지털화하는 속도도 빠르기 때문에 3G 통화보다 발화자의 음성을 보다 충실히 재현할 수 있습니다. 또 VoLTE를 더욱 고음질화하는 서비스 VoLTE(HD+)도 지원되어 FM 방송 수준의 음질을 실현할 수 있습니다(그림 6-8).

5G에서 음성 통화 실현

5G 통신을 이용한 음성 통화도 가능해서 **VoNR**(Voice over NR(5G))이라는 사양이 책정되었지만, 음성 통화는 10Kbps 수준으로 해결되며 고속성을 필요로 하지 않으므로 4G로도 필요한 품질은 충족합니다.

5G로 음성 통화를 하는 경우에는 셀의 커버리지 범위에도 문제가 있습니다. 5G에서 지원되는 셀의 영역은 좁기 때문에 셀 간에 핸드오버가 자주 발생합니다(그림 6-7). 음성처럼 연속적으로 통신하는 서비스는 통화가 끊어지는 등의 품질 문제도 있습니다. 이 때문에 5G의 음성 지원에 관해서는 5G 영역의 확대가 불가결합니다.

---

6 SMS나 TV 전화와 같은 기능도 IP 패킷으로 IMS를 통해 통신이 이루어집니다

그림 6-7 5G 스마트폰 음성 통화 작동 방식

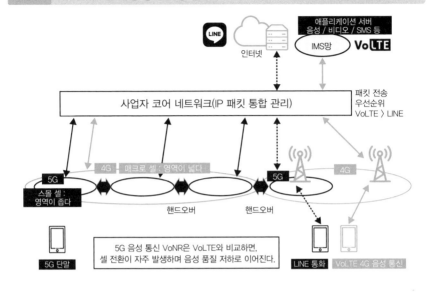

그림 6-8 VoLTE 통화의 음성 품질

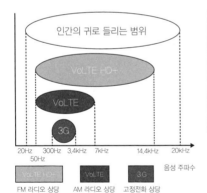

기술요소	3G 음성	VoLTE	VoLTE HD+
음성 주파수 대역	300~3,400Hz	50~7,000Hz	50~14,000Hz
음성 샘플링 레이트	8kHz	16kHz	32kHz
음성 데이터 전송 속도	12.2Kbps	12.65Kbps	13.2Kbps

Point

✔ VoLTE를 이용한 음성 통신은 시스템적인 데이터 관리가 4G로 확립되어 있어, 인터넷을 이용하는 LINE과 같은 통화보다 품질이 우수하다.

✔ 5G로 음성 통신을 할 때는 먼저 지원하는 셀의 커버리지를 넓히지 않으면, 4G로부터의 품질 저하로 이어진다.

≫ 5G 스마트폰의 인터넷 통신 속도

통신 성능은 엔드 투 엔드에서 결정된다

스마트폰으로 자주 방문하는 인터넷 사이트의 콘텐츠는 느린 단말기로도 표시할 수 있도록 작게 만들어져 있습니다.

쾌적하게 표시되는 좋은 응답성은 통신 회선 속도보다 지연 성능에 달려 있습니다.

지연 특성은 PING(Packet Internet Groper)이라는 소프트웨어로 측정할 수 있습니다. 측정 방법은 인터넷상의 서버 IP 주소를 지정하고, 측정용 패킷이 단말기에서 발신되고 나서 통신하는 서버를 경유하여 자신에게 돌아올 때까지의 시간을 엔드 투 엔드로 측정합니다(그림 6-9).

통신 경로는 단말기 내 처리, 무선 구간, 사업자 코어망, 인터넷, 서버 내 처리가 해당합니다(그림 6-10).

5G는 무선 구간의 지연 시간이 4G의 10분의 1이라고 하지만, 무선 구간에서의 처리 시간에 불과하고 실제로는 그 이외의 부분에서 발생하는 지연 시간이 큽니다. 따라서 5G 스마트폰과 4G 스마트폰의 지연 차이는 큰 차이가 없는 것이 현실입니다.

지연 특성 개선은 5G 사양 기지국 구성이 필요

5G 시스템에서는 사업자 코어망과 기지국을 모두 5G로 구성하여 저지연 통신을 실현하는 사양이 표준화되어 있습니다. 구체적으로는 사업자 코어망 내에 서버를 설치하는 MEC(Mobile Edge Computing) 기능을 지원해 인터넷 통신 부분에서 발생하는 지연을 줄일 수 있습니다. 이 밖에 서비스 종류별로 적합한 네트워크 구성을 최적화해, 저지연 특성의 서비스와 대용량 통신 서비스의 성능을 확보하는 네트워크 슬라이싱이라고 불리는 기능도 있습니다. 이는 현재 5G 상용 서비스에서는 아직 지원되지 않지만, 향후 점진적으로 도입될 예정입니다.

그림6-9 | 네트워크 지연 특성

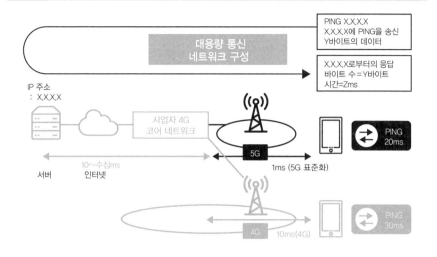

그림6-10 | 5G 사양의 네트워크 구성

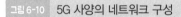

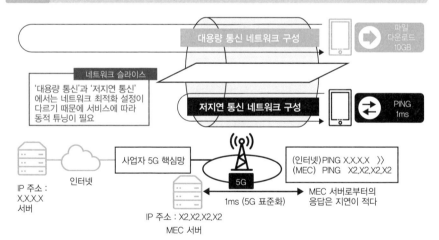

Point

✔ 스마트폰 브라우저를 이용한 통신은 저지연 특성이 중시되므로, 인터넷을 경유하는 부분의 지연이 문제가 된다.

✔ 지연 특성 개선은 5G 사양의 네트워크와 기지국을 구성하여 개선될 가능성이 있으나, 실현에는 조금 더 시간이 걸린다.

≫ 5G에서의 IoT 다수 기기 접속

4G 기능을 5G에서 활용한다

현재의 5G 상용 서비스는 통신 트래픽을 더 많이 필요로 하는 지역부터 고속 대용량 서비스를 전개하고 있습니다.

한편 IoT 기기용 **mMTC**(massive Machine Type Communications)로 불리는 대규모 다수 접속 서비스는 어느 정도 5G 커버리지가 필수 조건이라서, 현재는 서비스되지 않고 있습니다.

mMTC에서 사용하는 기기는 LPWA(Low Power Wide Area)라고도 불리며, 저전력으로 광범위한 통신을 실현할 수 있는 것이 특징입니다.

LPWA는 4G에서 이미 확립된 기술이 있는데, **LTE-M**(LTE-Machine)이라는 웨어러블 기기 등의 통신 방식과 **NB**(Narrow Band)-IoT라는 스마트 미터와 같은 기기 관리와 고장 감지 등에 사용되는 통신 방식이 있습니다(그림 6-11).

이러한 4G의 LPWA 기기는 동작 수명이 10년 이상이라, 5G 커버리지가 확대된다고 해도 5G 사양으로 대체하기가 쉽지 않습니다.

이 때문에 mMTC 기반 서비스는 4G에서 사용되는 LPWA 기술을 활용하면서 5G로 서서히 진화시켜 가는 방식이 검토되고 있습니다.

LPWA 진화의 방향성

mMTC에 관련된 5G 성능 목표는 ❶저소비 전력화 ❷통신 거리 최대화 ❸접속 디바이스 수 확대로 세 가지가 있습니다. 이 중 ❶과 ❷는 5G와는 정반대의 방향으로 기술을 진화시켜 실현하는 것이 검토됩니다(그림 6-12). 구체적으로는 ❶저소비 전력화는 통신의 대역폭을 줄이는 방향으로 진화시키고 ❷통신 거리 최대화는 안테나를 하나만 사용하는 등 장치 구성을 단순하게 하면서도 데이터를 반복 송신하여 확실성을 높이는 구현 방식이 검토되고 있습니다. ❸접속 디바이스 수 확대는 4G의 기술이 아니며, IoT 기기 통신의 특성을 고려한 5G 사양의 다중 통신 방식 도입이 검토되고 있으나, 아직 확정된 기술은 없습니다.

그림 6-11　4G LPWA 기술의 특징

	LTE(최저속도)	LTE-M(LTE-Machine)	NB(Narrow Band-IoT)
기기	–	웨어러블/케어기기	스마트 미터/기기관리/고장감지
용도	–	비교적 큰 송수신 데이터를 수반하는 저중속 이동 통신	정지/소량 데이터 통신이지만 통신 거리는 길다
모빌리티	O	O	X
사용대역폭	5~20MHz	1.4MHz	200kHz
통신 속도	상향: 5Mbps 하향: 10Mbps	상향: 300kbps 하향: 800kbps	상향: 62kbps 하향: 21kbps
최대통신 거리	–	LTE의 5.6배	LTE의 10배
배터리 수명	–	10년 이상	10년 이상

5G와는 역방향 진화 (협대역화/저속통신)

5G에서는 이 두 가지를 4G에서 계속 진화시킨다

Chapter 6

5G에서의 IoT 다수 기기 접속

그림 6-12　5G에서 LPWA 진화의 방향성

❶ 저소비 전력화

협대역 통신을 진화시키는 방향으로 10년 이상의 배터리 수명 실현

❷ 통신 거리 최대화

동일한 신호를 반복 송신함으로써 통신 거리 연장

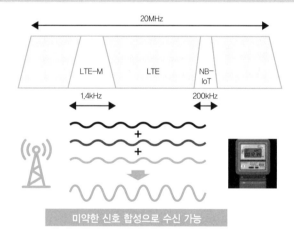

미약한 신호 합성으로 수신 가능

기존 기술 개선에 계속 힘써 저소비 전력화와 최대 통신 거리 실현

Point

✔ 5G의 특징인 대규모 다수 접속 서비스는 현재의 4G 기술을 효과적으로 활용하는 것으로의 실현이 검토되고 있다.

✔ LPWA의 저전력화, 통신 거리 연장 기술의 진화는 일반적인 5G와는 정반대의 기술을 도입하여 실현되려 하고 있다.

>> 5G에서의 저지연 서비스 실현과 과제

5G 기술을 커넥티드 카에 적용한다

5G의 특징인 고신뢰 · 초저지연 무선 통신은 커넥티드 카로 불리는 자동차에 적용이 검토되고 있습니다(7-4절 참조). 커넥티드 카는 항상 네트워크에 연결되어 주변과 정보를 교환하는 차를 가리키며, C-V2X(Cellular Vehicle to Everything)가 유력한 통신 수단 후보입니다. C-V2X는 그림 6-13과 같이 다음 두 가지 통신 방식을 지원하는데, 커넥티드 카는 (1)과 (2)를 서로 연계하여 정보를 수집함으로써 안전성과 편의성을 높일 수 있습니다.

> (1) 네트워크를 거치지 않고 ❶V2V: 타 차량과 통신, ❷V2I: 도로 설비와 통신, ❸V2P: 보행자와 통신 등의 직접 통신 방식
> (2) 네트워크를 경유하여 정보 교환하는 각종 통신(❹V2N)

C-V2X의 기술 과제

C-V2X를 커넥티드 카에 채용할 때의 과제를 그림 6-14에 나타냈습니다.

과제 1 직접 통신의 신뢰성

직접 통신은 이미 DSRC[7] 기술을 이용한 상용 서비스가 보급되었고, V2I 통신을 사용한 시스템의 대표적인 사례로는 ETC[8]가 있습니다.

한편, C-V2X는 셀룰러를 사용하지 않는 통신의 상용화 실적이 거의 없어, 도입을 위해서는 기존 서비스와의 공존도 검토할 필요가 있습니다.

과제 2 네트워크 통신(V2N)의 지연 성능

V2N 통신에서는 운전자가 볼 수 없는 범위의 도로 상황이나 교통 정보를 저지연으로 송수신할 필요가 있습니다. 통신하는 서버는 클라우드가 아닌 통신 사업자의 개별 기지국 내에 MEC 서버로서 광범위하게 설치할 필요가 있으므로 본격적인 서비스 시작에는 시간이 걸립니다.

---

7 Dedicated Short Range Communications의 줄임말. 차량과의 통신을 위해 설계된 5.8GHz 대역 무선 시스템.

8 Electric Toll Collection System의 약자. 고속/유료 도로에서 무선 통신에 의해 결제를 실시하는 서비스.

그림 6-13　C-V2X의 사양

통신 방식 (기술: 기존 서비스)		통신 형태	특징
(1) 직접 통신 (C-V2X 또는 DSRC:ETC)	❶ V2V		(Vehicle-to-Vehicle) 차량과 직접 커뮤니케이션
	❷ V2I		(Vehicle-to-Infrastructure) 신호등이나 가로등 등 도로 부속 설비와 직접 커뮤니케이션
	❸ V2P		(Vehicle-to-Pedestrian) 보행자와 직접 커뮤니케이션
(2) 네트워크 통신 (C-V2X: 없음)	❹ V2N		(Vehicle-to-Network) 네트워크를 통해 보행자, 차량, 장비 및 통신

출처 : 노키아 솔루션즈 & 네트웍스 주식회사 "Connected Car 사회 실현을 향해"
(URL:https://www.soumu.go.jp/main_content/000464414.pdf)

그림 6-14　C-V2X 실현 과제

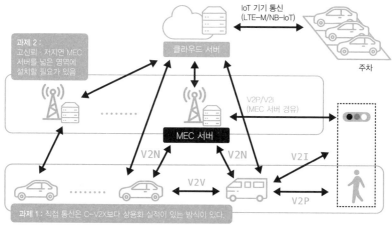

출처 : 노키아 솔루션즈 & 네트웍스 주식회사 "Connected Car 사회 실현을 향해"
(URL:https://www.soumu.go.jp/main_content/000464414.pdf)

Point

✔ 5G 저지연 서비스는 커넥티드 카에 적용이 검토되고 있으며, C-V2X라고 불리는 기술이 있다.

✔ C-V2X를 이용한 상용 서비스는 직접 통신과 네트워크 통신에 모두 해결할 과제가 있고, 본격적인 상용 서비스를 시작하려면 아직 시간이 걸린다.

≫ 5G 네트워크 확장 방식

5G 기존 주파수에 추가

5G의 특징인 고신뢰 초저지연 및 대규모 다수 접속 서비스를 실현하기 위해서는 5G 사양의 코어 네트워크와 **SA**(Stand Alone) 방식의 기지국을 설치하여 서비스 지역을 확대해 나가야 합니다. 그러나 서브6이나 밀리파의 주파수 대역은 4G보다 전파의 도달 범위가 좁아 지역을 넓히기 어렵습니다. 이 문제를 해결하기 위해 검토하는 기술이 **DSS**(Dynamic Spectrum Sharing)입니다. DSS는 기존 4G 대역에 5G 기지국을 도입하여 주파수를 공유하면서 서비스를 운용할 수 있게 합니다. 4G와 5G의 대역을 공유하는 방법은 세 가지가 있습니다(그림 6-15). DSS가 도입되면 5G 지역을 큰 폭으로 확대할 수 있으며 음성/비디오 통신 고도화 서비스 및 다수의 IoT 기기를 연결하는 스마트 시티 등과 같은 새로운 서비스 창출을 기대할 수 있습니다(7-6절 참조). 한편으로 4G 기존 주파수는 대역이 좁아서, 5G를 도입해도 속도 면에서 5G 본연의 성능을 얻기 어려울 것으로 예측됩니다.

로컬 5G 도입

5G의 특성을 살린 서비스를 실현하는 또 다른 접근 방법은 **로컬 5G**로 불리는 4.7GHz대역의 300MHz(4.6~4.9GHz) 폭과 28GHz대역의 900MHz 폭(28.2~29.1GHz)을 사용하는 통신 형태를 도입하는 것입니다(8-2, 8-4절 참조).[9]

로컬 5G는 통신 사업자의 서비스가 아니라 기업이나 지자체에서 운영하는 국소적인 5G 서비스로 다양한 용도로 사용됩니다.

로컬 5G는 특정 지역에서만 서비스할 수 있으면 되므로, SA 방식을 도입하기 쉽다는 점이 특징입니다.

이동성을 고려하지 않으면 NSA보다 SA가 5G 단독 통신이 되어 구현이 단순해지고, 단말기 쪽에서는 소프트웨어 업데이트로 비교적 간단히 NSA에서 SA로 대응할 수 있습니다(그림 6-16).

---

9 편집 주 국내의 경우 4.5GHz대역의 100MHz, 28GHz대역의 600MHz 공급

그림 6-15 DSS의 구성

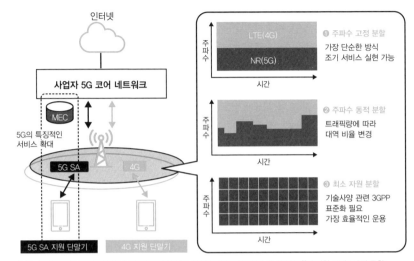

출처 : 유럽비즈니스협회 전기통신기기위원회 'DSS(DYNAMICSPECTRUM SHARING)'에 관한 국제표준화 동향
(URL : https://www.soumu.go.jp/main_content/000639224.pdf)

그림 6-16 로컬 5G를 사용한 5G 영역의 확대

| 캐리어 | 4G 주파수 | | | | | | | | 5G 주파수 | | |
| | | | | | | | | | 서브6 | | 밀리파 |
주파수(Hz)	700M	800M	900M	1.5G	1.7G	2G	2.5G	3.5G	3.7G	4.5G	28G
NTT도코모	20	30		30	40	40		80	100	100	400
KDDI	20	30		20	40	40	50	40	100		400
Softbank	20		30	20	30	40	30	80	100		400
Rakuten					40				100		400
로컬 5G										200	900

(1) DSS에 의한 5G 서비스 확대
- 대역이 좁아서 속도가 나지 않는다
- 광대역을 커버하는 SA 도입 가능

(2) 로컬 5G에 의한 서비스 확대
- 국소적으로 SA 도입이 용이하다
- 5G 특성을 살린 서비스를 도입하기 쉽다

Point

✔ 5G의 특징을 활용하는 사업자 5G 코어 네트워크, SA 기지국은 DSS 방식으로 영역을 확대할 가능성이 있다.

✔ 로컬 5G는 5G 영역 확대에 기여할 수 있으며, 스마트폰에서는 소프트웨어 업데이트로 SA 방식에 대응할 수 있다.

≫ 5G 단말기의 SIM 카드 활용

5G용 IoT 기기의 eSIM 활용 \\

단말기나 IoT 기기가 셀룰러 통신을 이용하려면, **프로파일**이라 불리는 통신 사업자와의 계약 정보를 적은 SIM 카드를 사용해 네트워크에 인증을 해야 합니다.

SIM 카드는 기본적으로 바꿔 쓸 수 없기 때문에 기능 업데이트 등이 있을 때는 새로운 SIM으로 교체해야 합니다.

보통 IoT 기기의 수는 방대해서 처음부터 프로파일을 기기에 내장해서 원격으로 변경할 수 있게 한 SIM이 **eSIM**(embedded SIM)입니다(그림 6-17).

eSIM은 사용자가 직접 프로파일을 변경할 수 있기 때문에, 해외에서 단말을 사용할 때 사업자끼리 제휴하여 통신하는 **로밍 처리**가 필요 없어집니다(그림 6-17(a)·(b)).

사용자는 현지 통신 사업자와의 인증에 필요한 프로파일로 변경해서, 통신 요금을 줄이거나 기능 제한을 푸는 것을 기대할 수 있습니다.

eSIM과 Dual SIM이 로컬 5G 서비스를 확장 \\

5G 스마트폰에도 Dual SIM 형식의 SIM을 탑재한 단말기가 있습니다. Dual SIM은 두 개의 SIM을 동시에 작동시켜 다른 서비스를 이용할 수 있습니다.

예를 들면, 하나는 사업자의 통화용 SIM으로 사용하고 또 하나는 다른 사업자가 제공하는 저렴한 데이터 통신용 SIM으로 사용함으로써 안정된 고음질 통화와 저렴한 데이터 통신을 모두 이용할 수 있는 장점이 있습니다(그림 6-18(a)).

Dual SIM이 다른 서비스를 양립시키는 특성을 살려, 로컬 5G용 eSIM과 사업자 SIM을 Dual SIM으로 사용하는 유스 케이스가 검토되고 있습니다(그림 6-18(b)). 로컬 5G는 구내 무선 시스템으로 eSIM을 사용하고 구역 밖에서는 사업자 SIM을 사용합니다. 사용자는 프로파일을 변경함으로써 다양한 로컬 서비스를 이용할 수 있습니다.

그림 6-17 eSIM의 특징과 로밍 시 동작

	SIM ⬛ SIM	eSIM ▦
크기	12.3×8.8× 0.86(mm)	6×5×0.9(mm)
제거	가능	불가능
탑재기기	주로 스마트 폰/태블릿	주로 웨어러블/IoT기 기(스마트폰 탑재가능)
프로파일 교체	통신 사업자가 최초로 기록	사용자가 직접 변경 가능

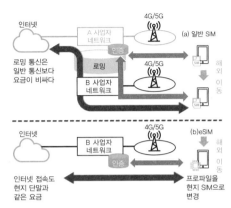

그림 6-18 로컬 5G에 Dual SIM/eSIM 응용하기

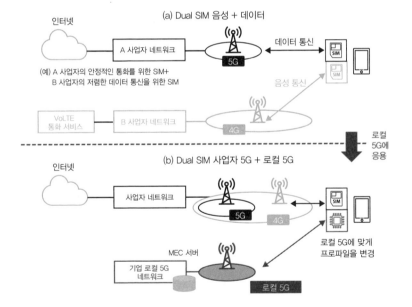

Point

✔ IoT 기기와 같은 다수 접속용으로 eSIM이 개발되었지만, 일반 단말기에도 탑재할 수 있으며, 특히 로밍할 때 유용하게 활용할 수 있다.

✔ Dual SIM과 eSIM을 조합하여 더 많은 5G 서비스를 받을 수 있도록 검토되고 있다.

따라해보기

스마트폰의 통신 성능을 확인한다

스마트폰의 통신 성능은 브라우저에서 스피드 테스트용 시험 사이트에 접속하면 쉽게 테스트할 수 있습니다.

확인할 내용은 업로드/다운로드 처리량과 PING으로 인한 지연 성능으로, 시험 사이트가 여러 개 있으면 정확한 결과를 얻을 수 있습니다. 그때, 스마트폰 '설정' 메뉴의 '트래픽 모드'에서 5G와 4G를 전환해서 측정하면, 상대적인 5G 통신 속도를 체감할 수 있습니다. Wi-Fi도 추가하여 다음과 같이 비교하면 통신 방식과 성능과의 관계를 알 수 있습니다.

각종 무선 방식의 통신 성능 비교

	4G	5G	Wi-Fi
DL 처리량	수백 Mbps	500Mbps 이상	환경 의존
UL 처리량	수십 Mbps	100Mbps 이상	환경 의존
PING	수십 ms	10~20ms	수 ms

스마트폰에서 서버까지의 통신 경로

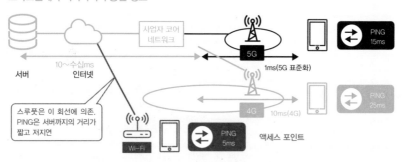

5G 속도는 4G의 수배~10배 정도의 처리량이 나오지만, PING 값은 아직 그다지 저지연은 아닙니다.

Wi-Fi 성능은 액세스 포인트에서 인터넷까지의 회선 상황에 따라 달라집니다. 시장에서는 100Mbps를 상한으로 하는 회선도 많아, 무선 성능을 살릴 수 없는 경우가 있습니다. 지연은 5G보다도 통신 경로가 짧아야 작아지는 경향이 있습니다.

Chapter 7

5G가 가져올 변화

초고속, 고신뢰, 초저지연, 다수 동시 접속을
활용한 새로운 비즈니스 사례

≫ 5G로 새로운 비즈니스를 창출한다

단순한 통신 서비스에서 비즈니스 창출의 기반으로 〰〰〰〰〰〰

지금까지 5G 통신 기기나 휴대전화의 작동 원리에 관한 기본적인 지식과 동향을 설명해 왔습니다. 이 장에서는 5G가 단순한 통신 서비스를 넘어 새로운 서비스를 창출하는 기반으로 주목받는 이유에 대해 사례를 바탕으로 살펴보겠습니다.

상호 보완적인 기업이 공통의 목적을 목표로 하는 B2B2X 〰〰〰〰

휴대전화 사업자는 4G까지는 기본적으로 사람과 사람의 커뮤니케이션을 연결하는 기반으로서 통신 서비스를 해 왔습니다. 반면에, 5G에서는 모든 사물과 사람 등이 연결되는 IoT 시대의 새로운 정보통신 기술 기반이 되는 것을 목표로 합니다.

이동통신사는 통신 서비스뿐만 아니라 상호 보완적인 다양한 기업과 연계하는 **B2B2X**(Business-to-Business-to-X) 모델(그림 7-1)을 통해 **다양한 영역에서 비즈니스를 창출하는 기반이 되는 것**을 목표로 합니다.

5G의 초고속(eMBB), 고신뢰·초저지연(URLLC), 다수 동시 접속(mMTC)이라는 세 가지 특성을 살린 새로운 비즈니스 창출이 기대되는 영역으로 다음 여섯 가지가 있습니다(그림 7-2).

① 엔터테인먼트
② 산업 응용
③ 모빌리티
④ 의료
⑤ 지방 활성화
⑥ 스마트 홈

이 여섯 가지 영역에서의 사례를 다음 절 이후에 소개해 갑니다.

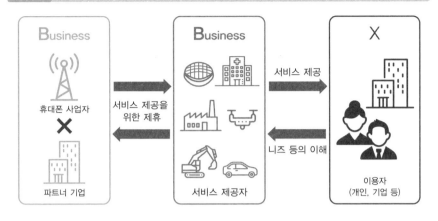

그림 7-1 타업종과 연계해 새로운 비즈니스를 창출하는 B2B2X 모델

그림 7-2 5G 특성을 살려 새로운 비즈니스 창출이 기대되는 영역

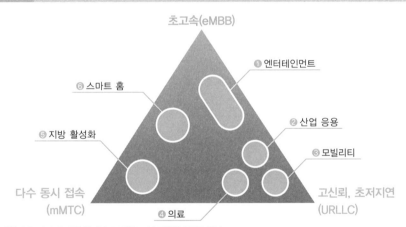

출처 : 'ITU-R IMT 비전 권고(M.2083)(2015년 9월)'를 기초로 작성

Point

✔ 사물과 사람이 5G를 통해 연결되는 IoT 시대에는 휴대전화 사업자는 통신 서비스를 넘어서 다양한 영역으로 사업을 확대하고 있다.

✔ 한 기업이 모든 비즈니스를 전개하는 것이 아니라, 다양한 기업과 제휴해 새로운 비즈니스를 창출해 나가는 시대가 되었다.

>> 엔터테인먼트 5G가 가져오는 풍요로운 삶

2시간짜리 영화를 3초만에 다운로드 //////////////////////////////

5G에서는 최대 통신 속도가 20Gbps가 되었습니다. 4G나 일반적인 가정용 광회선의 최대 통신 속도가 1Gbps이므로, 20배에 가까운 통신 속도입니다.

4G나 광회선에서는 2시간짜리 영화 콘텐츠를 다운로드하는 데 수십 초가 걸렸지만, 5G에서는 3초 정도면 다운로드할 수 있습니다(1-3절 참조).

이런 특성을 살려서 엔터테인먼트 영역에서는 축구나 야구, 럭비, 농구와 같은 스포츠 중계를 시청할 때, 초고화질 영상으로 보고 싶은 시점에서 관전할 수 있는 **자유 시점 영상**이 가능해집니다. 그리고 초고화질 VR을 통해 자신이 경기장에 있는 것 같은 **실시간 현장감**을 맛볼 수 있게 됩니다.

자유 시점 영상으로 실시간 체험 실현 //////////////////////////

자유 시점 영상은 카메라 여러 대로 다각도 촬영한 고정밀 영상을 이용해 3D 공간 데이터를 구축하고, 그 3D 공간에서 가상 카메라를 자유자재로 움직여 임의의 위치, 각도에서 본 자유 시점 영상을 생성합니다.

실시간으로 자유 시점 영상을 구현하기 위해서는 초고화질 영상을 고신뢰 · 초저지연으로 자유 시점 영상 생성 서버에 전송해야 합니다. 유선 케이블로 카메라를 연결해서 네트워크를 구축할 수도 있지만, 농구장에서는 세로 28m, 가로 15m, 축구 필드에서는 세로 110m, 가로 75m나 됩니다(그림 7-3).

5G로 복수의 카메라를 연결해 네트워크를 구축하면, 비교적 간단하게 자유 시점 영상 시스템을 구축할 수 있습니다. 또, 4-8절에서 설명한 에지 컴퓨팅과 조합함으로써, 그림 7-4처럼 집에서도 실시간으로 현장감을 체험할 수 있게 됩니다.

그림 7-3 자유 시점 영상의 개요

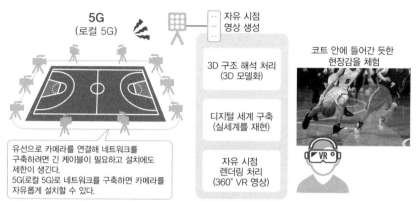

그림 7-4 에지 컴퓨팅과 함께 실시간 체험 실현

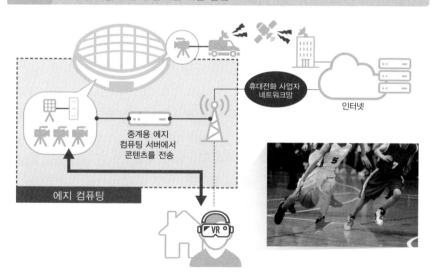

Point

✔ 엔터테인먼트 영역에서는 5G의 초고속 특징을 살려 고정밀 콘텐츠를 이용해 실시 간 체험을 실현한다.

✔ 에지 컴퓨팅으로 중계를 하여 5G의 초고속 성능을 살릴 수 있게 된다.

≫ 산업 현장에서 응용하는 5G
– 인더스트리 4.0

산업 혁명의 주역

독일의 헤닝 카거만이 제창한 **인더스트리 4.0**이라는 말을 알고 계신 분도 많을 것입니다. 인더스트리 4.0은 IoT 시스템으로부터 수집한 데이터를 AI가 해석하고 경험이나 직감이 아닌 정량적인 분석으로 기계나 기기를 제어하거나 혹은 기계나 기기가 자율적으로 움직임으로써 산업을 변혁하는 방안입니다(그림 7-5).

5G는 고신뢰, 초저지연, 다수 동시 접속의 특성을 살려 다양한 기계나 기기를 연결하여 제어하는 고도의 생산 관리 시스템의 네트워크 기반으로서 역할을 수행할 것으로 기대되고 있습니다.

IoT/IoH와 IoA

모든 사물이 인터넷으로 연결되는 **IoT**(Internet of Things) 외에 심박수나 체중 등 사람에 관한 정보가 인터넷을 통해 다양한 서비스와 연결되는 **IoH**(Internet of Human)가 있습니다.

또한, 도쿄대학 교수인 레키모토 쥰이치가 제창하는 IoA도 있습니다. **IoA**(Internet of Ability)는 IoT와 IoH를 합한 것으로, 사물이나 사람이 가진 다양한 능력을 네트워크를 통해 연결하고, 인간의 능력을 확장합니다(그림 7-6).

인간의 능력을 확장한다고 하면 마치 SF 영화 속 이야기처럼 들리지만, 건설 현장이나 공장 등에서 위험이 따르는 작업을 로봇과 사람이 연결되어 원격으로 조종한다거나 공항 직원이나 운송업자가 무거운 짐을 운반할 때 몸에 부담을 줄여주는 파워 슈트 등은 이미 실용화되어 있습니다.

건설 장비나 로봇을 원격으로 조종하려면 통신 시차가 작아야 합니다. 이제까지 4G나 Wi-Fi로는 실현되기 어려웠던 무선 원격 조종을 5G 도입으로 실현할 수 있게 됩니다.

사람이 들어갈 수 없는 위험한 장소나 공장, 건설 현장에서 원격 조종으로 건설 장비나 로봇을 움직일 수 있게 된다면 **산업은 크게 변화**될 것입니다.

그림 7-5　지금까지의 산업 혁명과 인더스트리 4.0

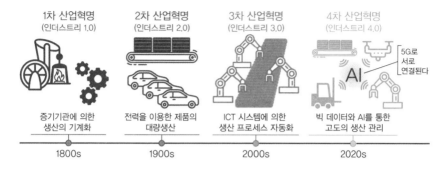

1차 산업혁명 (인더스트리 1.0)	2차 산업혁명 (인더스트리 2.0)	3차 산업혁명 (인더스트리 3.0)	4차 산업혁명 (인더스트리 4.0)
증기기관에 의한 생산의 기계화	전력을 이용한 제품의 대량생산	ICT 시스템에 의한 생산 프로세스 자동화	빅 데이터와 AI를 통한 고도의 생산 관리
1800s	1900s	2000s	2020s

그림 7-6　인간의 능력을 확장하는 IoA

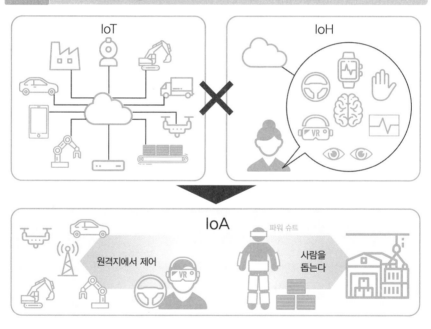

Point

✔ 생산 라인 등에서는 AI가 기계나 기기의 정보를 분석하여, 시스템이 자동으로 고도의 생산 관리를 하게 된다.

✔ 사물의 정보(IoT)와 사람의 정보(IoH)를 융합하여, 인간의 능력을 확장하는 IoA로 위험한 작업을 원격으로 할 수 있게 된다.

》 모빌리티의 5G가 실현하는 안전, 안심, 쾌적한 이동

CASE와 MaaS로 크게 바뀌는 자동차 산업

자동차 산업은 2016년 독일 다임러사가 제창한 CASE[Connected(연결) / Autonomous(자율주행) / Shared(공유) / Electric(전동화)]처럼 전동화, 정보화, 지능화 및 카 셰어링, 라이드 셰어링을 향해 진화하고 있습니다.

자동차가 CASE를 향해 진화해 가면, 자동차를 기점으로 한 이동에 관련된 다양한 새로운 서비스가 창출됩니다. 이런 서비스를 MaaS(Mobility as a Service)라고 하며, 향후 자동차 산업은 자동차 제조 · 판매 · 수리에서 MaaS로 중점을 옮겨갈 것입니다(그림 7-7).

트럭의 자율 주행, 대열 주행으로 물류 노동 환경 개선

사례로서 물류를 살펴보면, 물류 업계는 노동력 부족과 운전자의 고령화와 같은 문제를 안고 있습니다. 이런 문제를 해결하는 기술은 트럭의 자율 주행입니다. 자율 주행을 실현하기 위해서는 5G의 초고속, 고신뢰, 초저지연 특성을 빼놓을 수 없습니다.

유인 운전 트럭 뒤로 무인 트럭이 줄지어 움직이는 대열 주행도 문제 해결의 수단으로서 주목받고 있습니다. 소프트뱅크는 5G를 활용한 대열 주행 실증 실험을 2017년 12월부터 실시하고 있습니다. 대열 주행 중인 차량끼리 통신하는 V2V(6-7절 참조) 통신과 운행 관리 센터와 통신하는 V2N(6-7절 참조) 통신으로 5G의 특징이 발휘되어, 차간 거리를 상황에 따라 센티미터 단위로 최적으로 제어하며 안전하게 운용할 수 있는 기술 확립을 목표로 하고 있습니다(그림 7-8).

게다가 대열 주행으로 선두 차 뒤의 풍압이 줄어드는 덕분에 연료 절감 효과도 기대할 수 있습니다. 차간 거리가 4m에서 15%, 2m에서는 25% 연비가 개선된다고 합니다.

고속도로를 편대 운전하는 트럭을 볼 날이 머지않아 오리라는 기대가 커집니다.

그림 7-7   자동차 진화에 따라 달라지는 자동차 산업의 주역(MaaS)

기존 자동차 산업

Car Shop   C

◉Car Repair

자동차의 진화로 비즈니스의
주역이 바뀐다

향후 자동차 산업

CASE

MaaS

| 이동 | 물류 | 음식 | 충전, 주유 | 주차 |

이동과 관련된 다양한 서비스

그림 7-8   트럭의 대열 주행

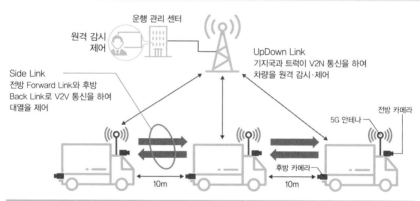

운행 관리 센터

원격 감시
제어

UpDown Link
기지국과 트럭이 V2N 통신을 하여
차량을 원격 감시·제어

Side Link
전방 Forward Link와 후방
Back Link로 V2V 통신을 하여
대열을 제어

전방 카메라

5G 안테나

후방 카메라

10m   10m

종류	데이터의 내용	용도
차량 제어 정보	위치 정보, 가감속 정보, 제동 정보, 조향 정보	후방 차량의 제동 제어 및 긴급 정지
차량 주변 영상	전방/후방 카메라 실시간 영상	운전자가 있는 선두 차량으로 영상을 전송하여 후속 차량 주위를 감시

Point

✔ 자동차 산업은 자동차의 제조, 판매, 수리 사업에서 MaaS로 바뀌려 하고 있다.
✔ 대열 주행에서는 전파의 불감 지대를 커버하는 V2V 통신이 중요하다.

≫ 의료에서 5G가 지탱하는 건강한 사회

원격지에서 고급 의료 서비스 제공 \\

의료 분야에서는 의사의 부족이나 의사·병원의 편재가 큰 문제가 되고 있고, 지방과 대도시 사이의 의료 환경의 격차가 점점 확대되고 있습니다. 그러한 가운데 의료 환경의 지역 격차를 없애는 방안으로 5G 통신 기술을 활용하여 원격으로 진료나 간호를 실시하는 **원격의료**가 기대되고 있습니다.

원격의료의 2가지 형태 \\

원격의료는 크게 다음 2가지 형태로 나뉩니다(그림 7-9).

◆ DtoD (Doctor to Doctor)

　의료종사자(주로 주치의에서 전문의) 간에 이루어지며, 주치의가 CT나 MRI 등의 정보를 전문의에게 전송하여 전문지식이나 경험을 바탕으로 고도의 전문적인 진단 위탁이나 치료 방침 상담 등이 이루어집니다.

◆ DtoP (Doctor to Patients)

　주치의가 멀리 있는 환자에게 의료를 제공하는 원격의료로, 최근에는 신형 코로나 바이러스 감염증의 확대로 급속히 퍼지고 있는 온라인 진찰 등입니다.

5G에서는 고화질 영상을 초고속으로 보낼 수 있고 고신뢰·초저지연으로 시차가 작다는 특징을 살려서, 원격지에서 주치의가 환자의 심신 상태를 판단해 환자의 요양을 지원할 수 있게 됩니다.

또한 과소화 지역에서도 의료 영상을 특정 분야에 강한 병원에 보내 환자와 전문의를 5G로 연결할 수 있습니다. 장소를 불문하고 원격지에서 고도의 의료 서비스를 받을 수 있게 될 것으로 기대됩니다.

DtoD와 DtoP를 합해 DtoDtoP가 가능해지면, 환자를 이송하는 도중에도 의사의 지시를 받아 응급처치를 할 수 있어, 많은 인명을 구할 수 있을 것으로 기대됩니다(그림 7-10).

그림 7-9　DtoD와 DtoP

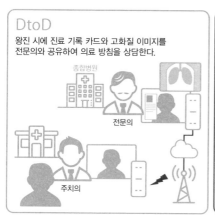

DtoD

왕진 시에 진료 기록 카드와 고화질 이미지를
전문의와 공유하여 의료 방침을 상담한다.

DtoP

원격지에서 실시간 커뮤니케이션으로 진료하고
고화질 영상으로 환자의 심신 상태를 판단한다.

그림 7-10　DtoDtoP와 긴급의료

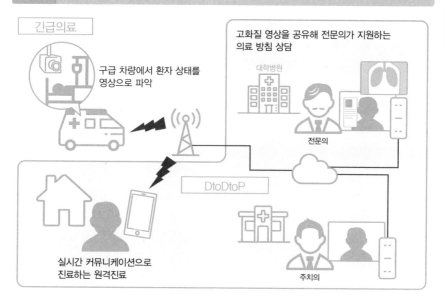

긴급의료

구급 차량에서 환자 상태를
영상으로 파악

고화질 영상을 공유해 전문의가 지원하는
의료 방침 상담

DtoDtoP

실시간 커뮤니케이션으로
진료하는 원격진료

Point

✔ 외래가 없는 전문의를 모아 원격 진료 전문 서비스와 같은 새로운 의료 서비스가
창출된다.

>> 지방 활성화 5G가 여는 새로운 사회

지방 활성화의 기수

정부가 제창하는 과학기술 정책의 하나로 Society 5.0이 있습니다(그림 7-11). Society 5.0으로 실현하는 사회란 IoT로 모든 사물과 사람이 연결되어 다양한 지식과 정보가 공유되고 지금까지 없었던 새로운 가치를 낳는 것입니다. 다양한 문제와 곤란을 극복하고, 세대를 초월하여 서로 존중하며, 개개인이 쾌적하게 활약할 수 있는 사회입니다.

5G는 Society 5.0을 지탱하는 통신 기반으로서 주목받고 있습니다. 특히 지방에서의 의료, 농업, 교육, 자연재해 등의 문제를 해결하는 핵심 기술로서 5G를 활용하는 것이 지방 활성화를 추진하는 데 있어서 중요시되고 있습니다.

Society 5.0이 실현된 모습 스마트 시티

5G에서는 1km^{2}당 이론상 100만 개의 디바이스가 접속할 수 있습니다. 지금도 많은 분들이 1인 1대 이상의 휴대폰을 사용하시겠지만, 앞으로는 시계와 안경, 이어폰 등 주변 사물이 모두 5G에 연결되어 My 네트워크를 구축할 수 있게 됩니다.

또, 신호등이나 방범 카메라, 디지털 사이니지와 같은 거리의 디바이스가 5G를 통해 인터넷에 연결되고, 거리의 인프라 정보와 My 네트워크를 링크하는 것만으로 쾌적하게 생활할 수 있는 스마트 시티를 실현할 수 있게 됩니다.

스마트 시티는 기업이나 지방자치단체가 제휴해 최첨단 기술을 거리 전체에서 활용함으로써 일의 효율화나 방범 기능 향상, 생활의 편리성 향상을 목표로 합니다. 스마트 시티와 관련해서는 해외 쪽에서 더 앞서가고 있지만, 현재 국내에서도 스마트 도시 종합계획을 수립하였고, 일부 지자체에서 시범 사업 중입니다.

그림 7-11 Society 5.0이란?

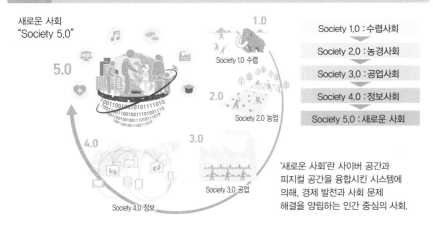

새로운 사회
"Society 5.0"

Society 1.0 수렵

Society 2.0 농업

Society 3.0 공업

Society 4.0 정보

Society 1.0 : 수렵사회

Society 2.0 : 농경사회

Society 3.0 : 공업사회

Society 4.0 : 정보사회

Society 5.0 : 새로운 사회

'새로운 사회'란 사이버 공간과
피지컬 공간을 융합시킨 시스템에
의해, 경제 발전과 사회 문제
해결을 양립하는 인간 중심의 사회.

그림 7-12 Society 5.0으로 실현되는 사회

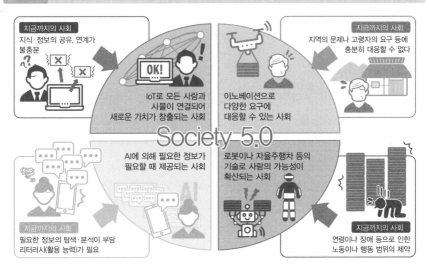

지금까지의 사회
지식·정보의 공유, 연계가
불충분

IoT로 모든 사람과
사물이 연결되어
새로운 가치가 창출되는 사회

지금까지의 사회
지역의 문제나 고령자의 요구 등에
충분히 대응할 수 없다

이노베이션으로
다양한 요구에
대응할 수 있는 사회

AI에 의해 필요한 정보가
필요할 때 제공되는 사회

로봇이나 자율주행차 등의
기술로 사람의 가능성이
확산되는 사회

지금까지의 사회
필요한 정보의 탐색·분석이 부담
리터러시(활용 능력)가 필요

지금까지의 사회
연령이나 장애 등으로 인한
노동이나 행동 범위의 제약

Point

✔ 5G의 특징을 살려 의료, 농업, 교육, 자연재해 등의 분야에서 서비스를 창출하는
것이 지방 활성화를 도모하는데 중요하다.

» 스마트 홈 5G로 만드는 쾌적한 친환경 라이프

5G로 구축하는 스마트 그리드 네트워크

스마트 시티에서 고려해야 할 중요한 점은 전력 이용의 효율화를 들 수 있습니다. 전력은 대량으로 저장해 둘 수 없기 때문에, 현재는 전력 회사가 수요를 예측하면서 최적의 발전량을 유지하고 있습니다.

전력의 효율화를 위한 기술이 스마트 그리드(차세대 송전망)입니다. 스마트 그리드로 구축되는 송전망은 가정이나 기업 등 전력을 소비하는 쪽의 정보도 교환합니다.

스마트 그리드에 왜 5G가 중요하냐면, 각 가정이나 기업의 전력 소비량을 정확히 파악하기 위해서는 방대한 수의 계량기(스마트 미터)로부터 정보를 수집할 필요가 있기 때문입니다.

기존의 네트워크라면 한 번에 접속할 수 있는 디바이스 수도 한정되어 있었습니다. 그러나 5G의 다접속 특성을 활용하면, 다수의 스마트 미터를 네트워크에 연결해 전력 소비량을 파악할 수 있습니다(그림 7-13).

스마트 홈의 보급

건물 안의 전력 사용을 효율화하려면 센싱 디바이스를 이용해 실내 환경을 파악할 필요가 있는데, 일반 가정에서 사용하는 TV나 에어컨, 냉장고와 같은 전자 제품도 센싱 디바이스가 됩니다.

가정에서 사용하는 전기 제품에서 실온, 습도, 조도 등 실내 환경 정보와 TV와 전기를 켜는 시간 등 다양한 정보를 얻을 수 있습니다. 이 정보를 이용해 전자 제품을 적절히 제어하여 전기를 절약하는 시스템이 HEMS(Home Energy Management System)입니다. 그리고 HEMS로 전력을 최적화한 집이 스마트 홈입니다(그림 7-14).

각 가정에서는 HEMS로 전력을 제어하고, 도시 전체에서는 스마트 그리드 등의 공공 인프라로 전력을 제어하여 에너지 효율을 높일 수 있게 됩니다.

그림 7-13　5G로 연결되는 스마트 그리드

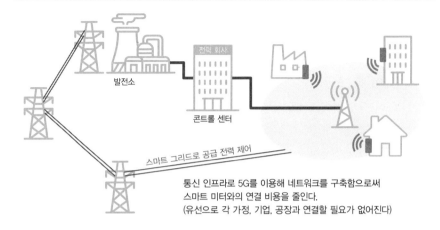

발전소

전력 회사

콘트롤 센터

스마트 그리드로 공급 전력 제어

통신 인프라로 5G를 이용해 네트워크를 구축함으로써
스마트 미터와의 연결 비용을 줄인다.
(유선으로 각 가정, 기업, 공장과 연결할 필요가 없어진다)

그림 7-14　스마트 홈의 구조

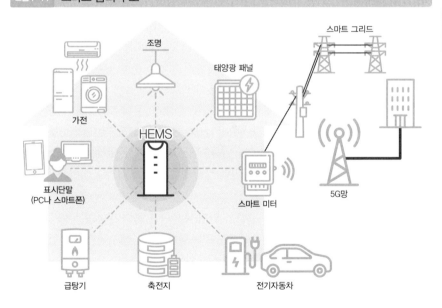

조명

태양광 패널

가전

HEMS

스마트 그리드

표시단말
(PC나 스마트폰)

스마트 미터

5G망

급탕기

축전지

전기자동차

Point

✔ HEMS로 실내 환경을 파악하고, 에너지를 효율화하는 스마트 홈이 5G로 스마트
그리드에 연결되어 도시의 전력 이용을 효율화한다.

» 5G가 여는 IoT 시대의 보안

보안 대책의 중요성

지금까지 여섯 개 영역에서의 사례를 소개했는데, 다양한 디바이스가 인터넷에 연결되는 IoT가 속도를 낼수록 걱정되는 것이 개인 정보와 프라이버시 문제입니다.

5G에서는 무선 레벨에서 높은 보안 대책을 강구하고 있어, 무선을 가로채거나 데이터를 변조하기는 어렵지만, 5G에 연결된 말단의 가전제품이나 센싱 디바이스, 5G 네트워크를 중계하는 에지 컴퓨터 등에 바이러스가 감염되어 버린다면 본전도 못 찾습니다.

따라서 IoT 장비와 인터넷의 경계에 설치된 보안 게이트웨이에서 부정을 검출하는 것이 중요합니다.

트러스트 서비스로 위장을 방지한다

인터넷상에서 사람, 조직, 데이터 등의 정당성을 확인하고 조작이나 송신자 위장 등을 방지하는 기술로 **트러스트 서비스**가 있습니다(그림 7-15). EU에서는 2014년에 EU 지역 내에서 유통되는 데이터를 일정한 신뢰 수준으로 유지하고자 eIDAS(Electronic Identification and Trust Services Regulation)를 규칙으로 하고 2016년 7월부터 시행되고 있습니다(그림 7-16). 일본에서는 데이터의 신뢰성을 확인할 수 있는 수단이 통일되지 않은 상황에서 다양한 디지털 서비스가 전개되고 있습니다[1].

특히 IoT 기기에는 다양한 형태와 종류가 있기 때문에 사물의 정당성을 보증하는 기술이 검토되고 있습니다. 기기 제조에서 소프트웨어 갱신, 폐기까지 일련의 라이프 사이클에서 안전함을 확인할 수 있는 것이 중요합니다.

5G가 널리 보급되고 가전이나 IoT 기기 등 우리 생활에 녹아든 존재인 사물이 계속해서 인터넷에 연결되면, 가전이나 IoT 기기야말로 사이버 보안 대책을 강구하는 일이 중요해질 것입니다.

---

1 역자 주 국내에서는 한국인터넷진흥원(KISA)에서 IoT-SAP라는 이름으로 IoT 보안 인증 서비스를 제공하고 있습니다.

그림 7-15 트러스트 서비스의 이미지

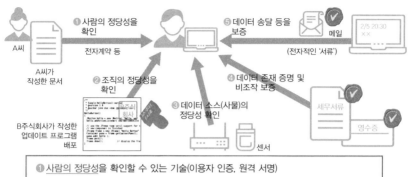

① 사람의 정당성을 확인할 수 있는 기술(이용자 인증, 원격 서명)
② 조직의 정당성을 확인할 수 있는 기술(조직을 대상으로 하는 인증, 웹사이트 인증)
③ IoT 기기 등 사물의 정당성을 확인할 수 있는 기술
④ 데이터의 존재 증명 및 비조작 보증 시스템(타임스탬프)
⑤ 데이터 송달 등을 보증하는 시스템(e딜리버리)

그림 7-16 eIDAS에서의 트러스트 서비스의 개요

트러스트 서비스	내용
전자서명	전자 문서의 작성자를 나타내는 목적으로 이루어지는 암호화 등의 조치로 전자서명이 첨부된 이후 해당 전자 문서가 변경되지 않았음을 확인할 수 있는 시스템
타임스탬프	전자 데이터가 어느 시각에 존재하고 그 시각 이후에 해당 데이터가 수정되지 않았음을 증명하는 시스템
전자봉인	전자 문서의 발신원 조직을 나타낼 목적으로 이루어지는 암호화 등의 조치이고, 전자서명이 첨부된 이후 해당 문서가 조작되지 않았음을 확인할 수 있는 시스템이고, 전자 문서의 발신자가 개인이 아니라 조직인 것.
웹사이트 인증	웹사이트가 정당한 기업 등에 의해 개설된 것인지 확인하는 시스템
e딜리버리	송신·수신의 정당성과 송수신되는 데이터의 완전성 확보를 실현하는 시스템

Point

✔ IoT 시대가 되면 PC나 휴대전화뿐만 아니라 주변 가전에도 사이버 보안 대책이 필요하다.

Chapter
7

5G가 여는 IoT 시대의 보안

따라해보기

5G를 이용한 새로운 서비스와 비즈니스에 대해 생각한다

7장에서는 5G의 초고속(eMMB), 고신뢰 · 초저지연(URLLC), 다수 동시 접속(mMTC)이라는 세 가지 특성을 살려서 기업이나 부처가 착수하는 새로운 서비스나 비즈니스 사례를 소개해 왔습니다.

사례로 살펴본 예는 다양한 기업이 얽힌 대규모 프로젝트인데, 5G 스마트폰과 여러분 주변에 있는 IoT 기기를 통해 실현할 수 있는 일이 없는지 아래 아이디어 검토 시트를 써서 생각해 보세요.

다음 표의 '초고속', '고신뢰 · 초저지연', '다접속'에 ○를 표시하고, 다음으로 ○가 붙은 5G 요소에 의해 4G 통신이나 Wi-Fi에서 실현되지 않았던 것이 가능해지는 서비스나 비즈니스를 들어 봅시다.

서비스, 비즈니스 아이디어 검토 시트

초고속	고신뢰 · 초저지연	다접속	서비스, 비즈니스 아이디어
○	○	−	VR과 드론을 이용한 유사 비행체험

필자가 생각해 본 서비스는 다음과 같습니다.

- ◆ 초고속, 고신뢰, 초저지연 요소로 VR과 드론을 이용한 유사 비행 체험
- ◆ 고신뢰, 초저지연, 다접속으로 행사장에서 관객이 출연자와 함께 춤을 추는 관객 참여형 이벤트

초고속에서는 '고화질 대용량 동영상', 고신뢰 · 초저지연에서는 '원격', 다수 동시 접속에서는 '행사장' 등의 키워드가 떠오릅니다. 이런 키워드를 출발점으로 아이디어를 생각해 보세요.

Chapter 8

로컬 5G와 5G의 발전 앞에 있는 것

수비 범위를 넓히는 5G

» 나의 5G, 우리의 5G

모두를 위한 공공 인프라 //

그림 8-1은 정비된 대중교통 인프라인 버스 노선에 빗대어 5G 사회를 나타냈습니다. 휴대전화는 언제, 어디서나 누구와도 전국 규모로 고품질의 통신 서비스를 이용할 수 있도록 휴대전화 회사에 의해 정비·운영되고 있습니다.

휴대전화는 사회생활의 모든 장면에서 사용되고 있고 점점 더 이용 분야가 다양해지고 있습니다. 이 때문에 휴대전화 회사들은 일정한 규모의 이용 분야마다 통신 서비스 메뉴(노선과 정류장)를 꼼꼼하게 설정해서 설치하고 있습니다.

이용자는 자신의 이용 목적에 적합한 메뉴(버스 노선과 정류장)를 선택하여 5G(버스)를 이용합니다. 5G는 전문적인 휴대전화 회사가 운영하고, 버스는 전문 운전기사가 운전하므로 안전하고 확실하게 목적을 달성할 수 있습니다.

자신을 위한 5G //

5G에서는 용도에 맞게 기능을 조합해 유연하게 설정할 수 있습니다. 자동차에 비유하면, 엔진이나 운전 조작과 같은 기본은 공통으로 한 채, 차종을 민첩하게 움직일 수 있는 다양한 용도의 소형차로 해서 이용하는 것과 같습니다.

5G의 특징을 활용해 지역 문제를 해결하고 회사, 단체 조직의 실정에 맞게 이용하고자 지역(지방 공공 단체)이나 회사, 단체 조직 등이 자신을 위한 5G를 설치해서 이용하는 **로컬 5G**라는 제도가 정비되어 있습니다.

로컬 5G는 비유하자면 택시나 회사용, 자가용 차에 해당합니다. 차량과 운전자가 필요하지만, 자유롭게 목적지에 직접 갈 수 있습니다. 택시처럼 일정한 요건을 채우면 요금을 받고 제삼자에게 통신 서비스를 제공할 수도 있습니다(그림 8-2).

어떤 경우든 무선 시스템으로서 5G를 설치하기 위한 요건이 설정되어 있고, 운영 책임도 부과됩니다. 로컬 5G는 **전국 규모의 휴대전화 시스템과 보완 혹은 분리해 가며 가려운 곳을 긁어주는 우리의 5G**로 발전되고 이용될 것으로 기대됩니다.

그림 8-1 정비된 공공 교통 기관으로서의 5G

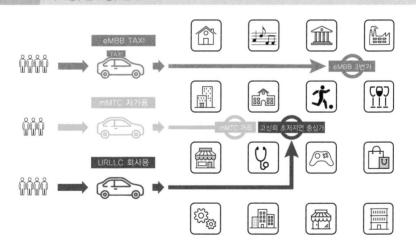

그림 8-2 자가용, 업무용, 전속 5G

Point

✔ 로컬 5G는 직접 설치하고 이용하는 '우리동네 우리조직'의 5G이다.

✔ 지역의 문제 해결 및 회사 업무에 맞게 설치 및 운용할 수 있다.

✔ 전국 규모 휴대전화 시스템과 보완 또는 분리하여 발전 · 이용될 것으로 기대된다.

>> 로컬 5G가 시작됐다

로컬 5G 도입 사례

로컬 5G 통신 기술은 전국에서 휴대전화 사업자가 전개하는 **5G와 기본적으로 동일**합니다. 설치 및 운용 주체는 지역의 자치체, 단체, 기업 등 다양하고, 로컬 5G를 도입하는 동기와 양태도 **지역 문제 해결**이나 기업의 **생산성 향상**, **비즈니스 업무 혁신** 등 다방면에 걸쳐 있을 것입니다. 도입 사례는 7장에서 소개한 것과 겹칩니다.

일본에서는 로컬 5G용 무선국 면허를 취득하여 운용하는 제도가 2020년도부터 시작되었습니다. 그림 8-3은 로컬 5G로 대표되는 새로운 정보통신 기술을 활용하여 지역 문제 해결 방법으로 도입할 것을 상정한 개발 실증(2020년도 실시) 모집 시에 제시된 사례입니다. 건설 기계의 원격 제어, 스마트 팩토리, 농장 자동 관리 및 하천 등의 감시를 들 수 있습니다. 이러한 개발 실증을 통해 장래의 유효 이용을 위한 실적이 쌓이고, 적절한 설치와 운용 노하우가 축적될 것으로 기대됩니다.

로컬 5G의 시작

일본의 경우, 로컬 5G는 **무선국 면허를 취득하여 설치 및 운용해야** 합니다. 무선국 면허 심사를 위한 법률제도 정비는 2019년 12월 완료되었고, 무선국 면허 신청 접수가 시작되었습니다(국내에서는 2021년 10월 면허 신청 접수를 시작하여 현재 교부 준비중입니다). 2020년 3월 말에 무선국 면허가 교부되기 시작했고, 로컬 5G 무선국이 운용되기 시작했습니다(그림 8-4).

도입 당초는 28GHz대[1]의 밀리파의 전파를 이용합니다. 공중통신용 5G에서는 4-7절에서 설명한 4G와 5G의 2단 셀 구성(NSA)으로 이용되기 시작했으므로, 공통 장비를 이용하여 경제적으로 로컬 5G를 전개하기 위해 동일한 구성이 로컬 5G에도 이용됩니다. 이때 이용하는 4G 기지국에 2.5GHz대의 전파가 사용됩니다. 28GHz대의 10분의 1 이하의 주파수 대역으로 더욱 넓은 지역을 커버하며, 로컬 5G에 필요한 C플레인 신호를 안정적으로 전송할 수 있습니다.

---

1 28GHz는 초당 280억 번 진동하는 주파수의 전파를 말합니다.

그림 8-3   지역 문제 해결형 로컬 5G 등의 실현을 위한 개발 실증

로컬 5G 등에 대해 5G의 '초고속', '고신뢰, 초저지연', '다수 동시 접속'과 같은 특징과 도시지역, 시골, 실내 등 시험 환경이 다른 지역이나 여러 주파수를 조합하여 다양한 활용 형태로 지역의 수요를 고려한 개발 실증 실시

〈구체적 이용 상황에서 개발 실증 실시〉

건물 안이나 부지 내에서 운영하는 5G 네트워크로 활용

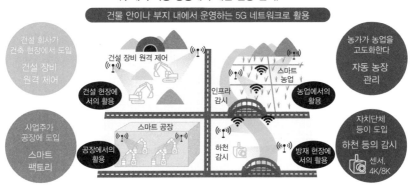

그림 8-4   로컬 5G 시스템 안테나 및 기지국

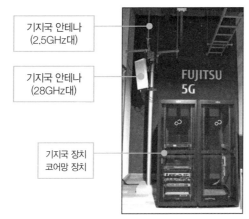

기지국 안테나
(2.5GHz대)

기지국 안테나
(28GHz대)

기지국 장치
코어망 장치

출처 : '최초로, 상용 로컬 5G를 운용 개시'
(후지쯔 보도 발표)
(URL : https://pr.fujitsu.com/jp/
news/2020/03/27.html)

Point

✔ 로컬 5G 통신 기술은 전국에서 휴대전화 사업자가 전개하는 5G와 공통이다.

✔ 지역 문제 해결형 로컬 5G 등의 개발 실증이 진행되고 있다.

✔ 무선국 면허를 취득해야 한다. 네트워크 구성은 NSA로 시작한다.

≫ 로컬 5G를 시작하려면?

로컬 5G 네트워크 구성 및 무선국 면허

로컬 5G는 앞에서 설명한 것처럼 4G와 5G의 2단 셀 구성(NSA)으로 시작되고 있습니다(그림 8-5). 이 방식은 공중통신용 5G와 공통인 장비를 이용해서 경제적으로 운용을 시작하는 지름길입니다(현재 한국에서는 세부적인 면허 절차가 공개되지 않았으며, 과학기술정보통신부의 '5G 특화망 가이드라인'에 따르면 일본의 NSA 구성이 아닌 SA 구성을 제안하고 있습니다).

NSA 구성인 경우, 5G 기지국용과 4G 기지국용으로 두 종류의 **무선국 면허**를 취득해야 합니다. 또한 휴대전화도 NSA 구성에 대응하는 기기가 필요합니다.

설치 요건과 전파 간섭 조정

로컬 5G의 무선국은 자신이 소유(또는 임대)한 건물 내, 혹은 부지 내에 구축해서 운용하는 '**자기 토지 이용**'이 기본입니다. 다만, 전파는 건물 벽을 투과하거나 부지 경계를 넘어가기도 하므로, 인근에서 동일한 주파수를 이용하는 다른 시스템이 있으면 혼선을 일으킵니다.

또한 NSA 구성에서 이용하는 2.5GHz대는 광대역 이동 무선 액세스 시스템(이하 BWA)에서 이용되고 있으므로, 28GHz대의 인근 이용 시스템과 함께 방해를 주지 않도록 무선국을 개설하기 전에 관계자와 **전파 간섭 조정**을 실시할 필요가 있습니다. 구체적인 전파 간섭상태는 무선국의 설치 상태나 무선국 간의 거리, 중간 건축물의 유무 등에 따라 달라집니다. 실제 간섭 조정을 할 때는 사전에 각각의 무선국의 전파 도달 범위를 예측하고, 간섭량이 많은 경우에는 송수신 안테나의 지향성(전파가 날아가는 방향과 각도)을 조정하거나 송신 전력을 저감하는 등의 대책을 실시할 필요가 있습니다(그림 8-6).

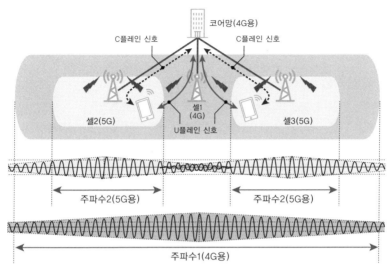

그림 8-5 「4G와 5G의 2층 건물」 셀 구성(NSA)

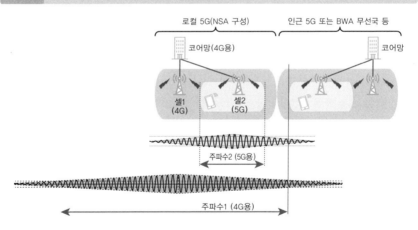

그림 8-6 인근 무선국과의 사전 전파 간섭 조정

Point

✔ NSA 구성에는 두 가지 무선국 면허 취득이 필요하다.

✔ 로컬 5G는 자기 건물 내 또는 부지 내에서 이용하는 것이 기본이다.

✔ 무선국 개설 시에는 인근 무선국과 전파가 혼신되지 않도록 사전 간섭 조정이 필
요하다.

≫ 로컬 5G의 확산과 협력

로컬 5G의 확장 //

로컬 5G는 공중 통신용 5G와 공통된 기기를 이용해서 효율적으로 시작했습니다. 앞으로 공중 통신용 5G는 NSA('4G와 5G의 2단' 셀) 구성에서 **SA**('5G 독립형' 셀) 구성으로 옮겨갈 것으로 예상됩니다(그림 8-7).

로컬 5G용 전파의 주파수 대역은 밀리파 대역부터 시작되었으나, 2020년 9월 시점에서 밀리파의 주파수 대역을 더욱 확장하거나 **새로운 주파수 대역**으로서 4.7GHz대 [2]를 할당하는 방안 등이 검토되고 있습니다. 낮은 주파수 대역의 전파는 멀리까지 전파되는 성질이 뛰어나므로, 새로운 주파수 대역을 이용하면 경기장 등의 넓은 부지 내에서 효율적으로 로컬 5G를 설치하고 운용할 수 있게 됩니다.

지역 문제, 사회 문제의 해결에서 풍요로운 사회를 지탱하는 기반으로 ////////////

그림 8-8은 8-1절에서 설명한 공중 통신용 5G 휴대전화망(공공 교통망)과 로컬 5G(회사용, 자가용)에 의한 5G 사회의 두 가지 그림을 합친 것입니다. 다만, 두 개의 5G망이 융화·보완하면서 5G 사회의 외연을 한층 넓힌 이미지를 나타내고 있습니다.

로컬 5G와 공중 통신용 5G도 앞으로 다양한 실증과 시장에서의 이용을 통해 실적을 쌓고, 지역 문제와 사회 문제 해결에도 중요한 역할을 할 것으로 기대됩니다.

앞으로는 문제 대응형 사용 방식에 더해, 변모하는 사회 정세에 맞추어 풍요롭고 결실 있는 사회 운영을 유지해 가는 것이 5G의 중요한 역할이라고 생각됩니다. 전국에 뻗어있는 통신망으로 고품질 통신 서비스를 경제적으로 제공하는 공중 통신용 5G와 특정 지역이나 이용 분야 상황에 맞게 이용하는 로컬 5G를 정보의 동맥과 실핏줄처럼 조합해서 잘 이용하는 것이 중요합니다.

---

2 4.7Hz는 초당 47억 번 진동하는 주파수의 전파입니다.

그림 8-7 4G와 5G 2단 구성(NSA)에서 5G 독립형(SA) 셀 구성으로

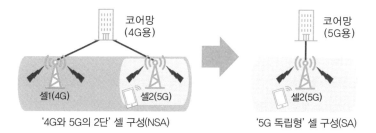

코어망
(4G용)

코어망
(5G용)

셀1(4G)   셀2(5G)

셀2(5G)

'4G와 5G의 2단' 셀 구성(NSA)   '5G 독립형' 셀 구성(SA)

그림 8-8 공공용 교통망과 자가용 차에 의한 사회의 협력

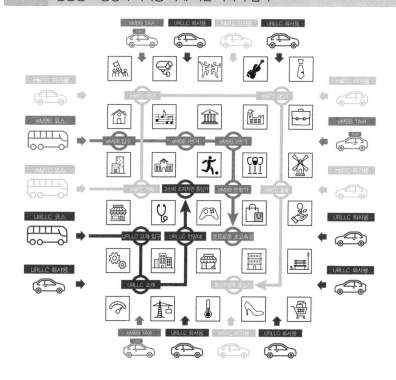

Chapter

8

로컬 5G의 확산과 협력

Point

✔ 로컬 5G도 NSA 구성에서 SA 구성으로 전환해 간다.

✔ 새로운 주파수 대역의 전파 이용도 가능해진다.

✔ 공중 통신용 5G와 로컬 5G를 조합해 사회 전체가 잘 이용하는 것이 중요하다.

≫ 5G의 미래

계속되는 5G의 발전

여기서는 지금도 계속 진행되고 있는 공중 통신용 5G와 로컬 5G를 포함한 5G 기술 발전에 관해 설명합니다.

5G는 사회의 통신 인프라로서 24시간, 365일 내내 이용되므로, 기술 발전이나 통신 시스템 고도화는 서비스 제공이 중단되지 않고 연속적, 단계적으로 진행되는 것이 중요합니다.

예를 들어, 공중 통신용 5G와 로컬 5G 부분에서 설명한 NSA(4G와 5G의 2단 셀 구성)에서 SA(5G 독립형 셀 구성)로 이행하는 것도 단계적으로 원활하게 진행되도록 중간 단계에서 4G와 5G의 셀과 코어망이 병존하는 구성 등이 준비되어 있습니다(그림 8-9).

이처럼 지금까지의 자산을 활용하면서 연속적 · 단계적으로 새로운 기술을 도입해 시스템 고도화를 도모하는 구조는 마이그레이션 시나리오로 불리며, 사회 기반(사회 자본)을 확충해 갈 때에 중요시되고 있습니다.

거듭되는 고도화

5G의 국제 표준 규격을 검토하는 단체에서는 다음 단계를 위한 고도화가 검토되고 있습니다. 그 한 가지 예는 새로운 주파수 대역의 이용 및 활용에 관한 검토입니다.

그림 8-10은 그림 3-3에 나타낸 주파수 대역을 더 높은 쪽으로 확장하여 다시 게재한 그림입니다. 파란색으로 칠한 52.6GHz ~ 71GHz 대역을 이용하여 더 넓은(굵은) 대역폭을 사용한 고속 전송 가능성을 검토하고 있습니다. 미래에는 더욱 높은 114GHz까지의 이용을 눈앞에 두고 기술적인 가능성을 찾는 논의도 이루어지고 있습니다.

새로운 주파수 대역의 확장 이외에도 고속 전송을 위한 부호 처리나 다른 무선 통신 시스템 간의 협조 동작 강화 등 다양한 고도화 기술이 검토되고 있습니다. 앞으로도 5G는 이러한 기술을 도입하면서 진화를 계속할 것입니다.

그림 8-9   NSA에서 SA로의 단계적 전환

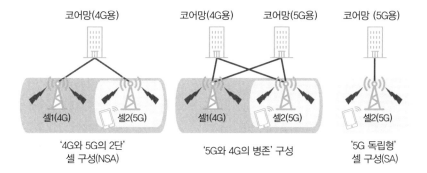

코어망(4G용)   코어망(4G용)   코어망(5G용)   코어망 (5G용)

셀1(4G)   셀2(5G)   셀1(4G)   셀2(5G)   셀2(5G)

'4G와 5G의 2단'   '5G와 4G의 병존' 구성   '5G 독립형'
셀 구성(NSA)   셀 구성(SA)

그림 8-10   국제표준규격(휴대폰)의 주파수 대역(선형 눈금)

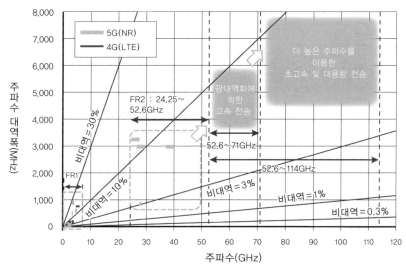

출처: • 3GPP TS 36.101, "사용자 장치의 무선 송수신 특성 규정(LTE용)"(V.15.4.0) 2018-10
      • 3GPP TS 38.101-1, "유저 장치의 무선 송수신 특성 규정(5G 신 무선 방식용 1, 주파수 영역 1 · 독립 운용형)"
        (V.15.3.0) 2018-10
      • 3GPP TS 38.101-2, "유저 장치의 무선 송수신 특성 규정(5G 신 무선 방식용 2, 주파수 영역 2 · 독립 운용형)"
        (V.15.3.0) 2018-10
        (URL: https://www.3gpp.org/)

Point

✔ 5G의 발전 · 고도화를 향한 검토와 대처가 계속 진행되고 있다.

✔ 5G 고도화는 통신 서비스의 연속성 및 지속성을 유지하면서 단계적으로 추진된다.

✔ 5G 다음 단계의 고도화를 위해 더 높은 주파수 대역 활용 등이 검토되고 있다.

Chapter
8

5G의 미래

》 5G 앞에 놓인 것

다음은 6G?

5G가 시작된 지 얼마 안 됐는데 6G라니 성급해 보일지도 모르지만, 대규모 기술 개발에는 오랜 기간이 필요하기에 미래를 눈여겨보고 '5G 다음(**Beyond 5G**)'에 대한 검토를 시작했습니다.

다만, 검토가 진행 중이므로 이 자리에서 6세대(6G)는 이렇게 될 거라고 예측하는 것이 아니라, 우리 선배들이 어떻게 '그 다음' 기술을 개발해 왔는지 살펴봄으로써 '5G 다음'을 생각해 보고자 합니다.

그림을 그려 본다

그림 8-11은 지금으로부터 20년 가까이 전에 3G가 실용화되고 4G에 관한 검토가 진행되는 가운데 그려진 'Beyond 3G(IMT-2000)' 그림입니다. 지금 돌이켜 보면 단거리 통신에 의한 중계 전송 보급 등 그대로 실현되지 않았던 것도 있고, 반대로 예상하지 않았던 스마트폰이 보급되는 등 달라진 점도 몇 가지 있습니다. 하지만, 음성통화를 주제로 한 전화 서비스에서 데이터 통신으로의 전환을 시야에 넣은 시스템 전체의 사고방식이 잘 표현되어 있습니다.

그림 8-12는 5G를 검토하기 시작했을 무렵에 그려진 그림으로, 사회 문제 해결이나 풍요로운 생활에 도움이 된다는 제목을 내걸었습니다. 5G는 확실히 이제부터 이러한 상황에서 활용되고 활약해 나갈 것입니다.

이 그림에 그려진 세계가 맞았는가 하는 검증과 반성은 매우 중요하지만, 기술 개발이라는 관점에서 보면 이러한 세계를 실현하고자 다양한 연구를 거듭해 나가는 과정이 매우 중요하다고 여겨집니다.

연구를 거듭하다 보면 예상과 다른 일도 많이 일어나지만, 그렇게 지혜를 짜낸 결과로써 지금까지 훌륭한 성과를 우리 사회에 제공해 오고 있기 때문입니다.

그림 8-11   4G를 위해 그려진 그림

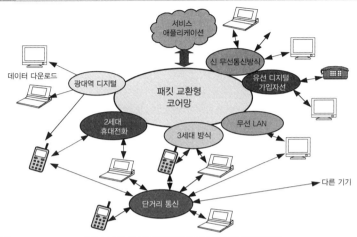

출처 : ITU-R Rec.M.1645 "IMT-2000 시스템 개발 프레임워크와 전체 목표"(06/2003)
(URL : https://www.itu.int/rec/R-REC-M.1645/en)

그림 8-12   5G에서 지향하는 것

정보통신 기술(ICT)에 기대되는 역할

산업 · 생산 · 의료 · 사회 인프라   사회생활 전반

안전 · 안심(방재 · 감재), 복지 · 건강 증진, 에너지 절약, 환경 보전

Point

✔ '5G 다음'을 목표로 하는 검토는 이미 시작되었다.

✔ 우선은 목표로 하는 세계의 그림을 그려 보고, 목표를 향해 여러 가지 기술을 검토, 연구하는 것이 중요하다.

따라해보기

자신이 사용하는 5G에 관해 생각해 보자

이 장에서는 로컬 5G와 향후 5G의 전망에 관해 설명했습니다. 아래 그림은 그림 8-8 등에서 설명한 이동 수단으로서 대중교통(버스 등)과 자가용 이용에 대해 서비스 제공 형태와 서비스 제공자(운전사)의 스킬, 이용자의 활용 능력 등의 관점에서 작성한 것입니다.

5G를 사용하면 더욱 편리하고 쾌적하게, 그리고 간편하게 다양한 정보에 접근할 수 있습니다. 통신 서비스 제공자가 안전하고 확실한 서비스 제공을 위해 노력하는 것은 물론, 서비스를 이용하는 사람도 정보 자체의 취급을 포함해 책임과 자각이 있게 이용하는 것이 매우 중요하다고 생각됩니다.

편리하고 쾌적한 5G를 사용할 때 여러분은 어떤 점이 중요하다고 생각하셨나요? 아래 표에서 여러분이 중요하다고 생각하는 항목에 평점 (○×△ 등)을 매겨 보세요. 5G에는 이들 항목에 관련된 기능이나 성능을 제공하는 다양한 시스템이 도입되어 있습니다. 실제로 5G를 사용할 때 그런 시스템의 내력을 생각해내고 5G를 알차게 활용하는 데 도움이 되길 바랍니다[1].

서비스 제공 형태(대중교통과 자가용의 예)

서비스상의 일정한 제약을 감수하는 대신에 특별한 스킬이나 활용 능력을 요구하지 않고 균일 요금, 균일 서비스로 이용이 가능

버스

최대공약수적 목적지(서비스의 편익)로

• 버스 운전사는 높은 기술과 윤리관을 가진 사람에 한정
• 이용자는 고품질 운전 서비스를 공동으로 이용

고도의 이용자 보호,
균일 요금 및 균일 서비스

편리한 기술을 이용하려면 일정한 활용 능력, 충분한 이용 스킬과 책임 범위를 바탕으로 한 이용이 필수

산으로
바다로
자가용차
도시로

• 운전자는 일정한 스킬과 활용 능력 보유가 조건
• 이용자는 자기 책임 하에 자유롭게 목적지를 향한다

이용자는 일정한 활용 능력, 스킬 보유,
비용 부담을 전제로 자기 책임의
범위에서 자유롭게 이용

5G를 사용할 때의 키 포인트

편리	빠른 속도	싼 가격	신선	지식	감동
쾌적	안전	가벼움	고급	기술	공감
간단	확실	내구성	아름다움	예술	보편

---

1 5G를 사용하면서 그 원리나 기능을 더 자세하게 알고 싶다면, 전문 서적 등을 통해 깊이 있게 이해해 보세요.

용어집

▶ 뒤의 숫자는 관련 본문의 절

5GC (▶ 4-1)

5G용 코어망.

AnTuTu (▶ 5-10)

화면 표시 속도, 게임 성능 테스트 결과를 점수화하는 애플리케이션.

B2B2X (▶ 7-1)

Business-to-Business-to-X의 줄임말. 상호 보완적인 다양한 기업과 제휴하는 모델.

Beyond 5G (▶ 8-6)

5G의 다음 세대의 통신 시스템으로서 검토가 시작된 미래의 통신 방식. 5G 성능 향상, 기능 강화와 더불어 한층 더 발전된 기술의 적용과 새로운 이용 방법의 검토가 시작되었다.

C플레인 (▶ 4-4)

제어 신호를 취급하는 기능의 계층.

C/U 분리 (▶ 4-4) (▶ 6-1)

통신 네트워크에서 C플레인과 U플레인의 처리를 명확하게 분리하는 것.

CPU (▶ 5-1)

Central Processing Unit의 줄임말. 소프트웨어의 명령을 빠르게 실행하는 장치.

C-V2X (▶ 6-7)

Cellular Vehicle to Everything의 줄임말. 3GPP에 준거한 자동차용 통신 방식.

DSRC (▶ 6-7)

Dedicated Short Range Communications의 줄임말.

DSS (▶ 6-8)

Dynamic Spectrum Sharing의 줄임말. 기존 4G 대역으로 5G 기지국을 도입하여 주파수를 공유하면서 서비스를 운용할 수 있게 한다.

Dual Connectivity (▶ 6-1)

4G가 5G 통신을 보조하면서 동시에 데이터를 송수신하는 기술.

Dual SIM (▶ 6-9)

2개의 SIM을 동시에 작동하여 서로 다른 서비스를 이용할 수 있는 서비스.

eLTE (▶ 6-2)

5G 기지국과 연계된 기지국.

eMBB (▶ 1-10)

enhanced Mobile Broad Band의 줄임말. 5G에서의 초고속 통신.

eSIM (▶ 6-9)

처음부터 프로파일을 기기에 내장해서 구현하고, 원격으로 변경할 수 있게 만든 SIM.

GPU (▶ 5-1)

Graphical Processing Unit의 약자. 화상 처리에 특화된 프로세서.

HEMS (▶ 7-7)

Home Energy Management System의 줄임말. 실내의 여러 기기에서 수집한 데이터를 분석하여 전기 제품을 적절히 제어하여 전력을 절약하는 시스템.

IMS (▶ 6-4)

IP Multimedia Subsystem의 줄임말. 멀티미디어를 통합하는 서비스.

IoA (▶ 7-3)

Internet of Ability의 줄임말. IoT와 IoH를 합치는 것으로, 물건이나 사람이 가진 다양한 능력이 네트워크를 매개로 연결되어 인간의 능력을 확장하는 것.

IoH (▶ 7-3)

Internet of Human의 줄임말. 심박수나 체중 등 사람과 관련된 정보가 인터넷을 통해 다양한 서비스와 연결되는 것.

IoT (▶ 7-3)

Internet of Things의 줄임말. 모든 사물이 인터넷에 연결되는 것.

IP 패킷 (▶ 6-4)

출발지와 목적지의 IP 주소 등의 정보를 패킷의 앞 부분에 부가해 송신함으로써 정보를 전달하는 패킷 형태.

ISP (▶ 5-4)

Image Signal Processing의 줄임말. 카메라의 영상 신호를 처리하는 프로세서를 말한다.

LTE-M (▶ 6-6)

LTE-Machine의 줄임말. 웨어러블과 같은 기기 대상의 통신 방식.

MaaS (▶ 7-4)

Mobility as a Service의 줄임말. 자동차를 기점으로 한 이동에 관한 다양한 새로운 서비스.

MEC (▶ 6-5)

Mobile Edge Computing(또는 Multi access Edge Computing)의 줄임말. 에지 컴퓨팅 항목 참조.

MIMO (▶ 6-1)

Multi-Input Multi-Output의 줄임말. 복수 안테나를 이용해 송수신 데이터를 다중 통신하는 안테나 기술.

mMTC (▶ 1-10) (▶ 6-6)

massive Machine Type Communications의 줄임말. 5G에서의 다수 접속. IoT 기기 대상으로 대규모 다수 접속 서비스를 제공한다.

NB-IoT (▶ 6-6)

Narrow Band-IoT의 줄임말. 스마트 미터와 같은 기기 관리/고장 탐지 등에 사용되는 IoT 통신용 통신 방식.

NSA (▶ 4-7)

Non-Stand Alone의 줄임말. 4G용 코어망으로 4G용 기지국(제어 신호용)과 5G용 기지국(유저 신호용)을 수용하는 오버레이(2단) 구성. 4G와 5G의 기지국이 연계하여 통신한다.

PING (▶ 6-5)

Packet Internet Groper의 줄임말. 지연 특성을 측정하는 소프트웨어.

SA (▶ 4-7)

Stand Alone의 줄임말. 5G용 코어망으로 5G용 기지국을 수용하는 '5G 독립형' 셀 구성.

SDX (▶ 5-2)

SD(=Snapdragon), X는 특히 모뎀 이름을 가리키며, 50번 이후가 5G 모뎀을 탑재한 칩이다.

Snapdragon (▶ 5-2)

스냅드래곤(Snapdragon)은 퀄컴사의 SoC 이름.

SoC (▶ 5-4)

System On a Chip의 줄임말. 장치나 시스템 동작에 필요한 모든 기능을 하나의 반도체 칩에 집적시킨 것.

Society 5.0 (▶ 7-6)

IoT로 모든 사물과 사람이 연결되면서 지식이나 정보가 공유되고 지금까지 없었던 새로운 가치를 만들어냄으로써, 여러 가지 문제나 곤란을 극복하고 세대를 초월해 서로 존중하며, 한사람 한사람이 쾌적하게 활약할 수 있는 사회.

ToF 센서 (▶ 5-6)

Time of Flight 센서의 줄임말. 카메라에서 나온 신호가 대상 물체에 반사되어 돌아올 때까지 시간차를 이용해 영상의 배경을 흐리게 하는 영상 가공 처리 등에 이용된다.

URLLC (▶ 1-10)

Ultra-Reliable and Low Latency Communications의 줄임말. 5G에서의 고신뢰 · 초저지연 전송.

U플레인 (▶ 4-4)

유저 신호를 취급하는 기능의 계층.

VoLTE (▶ 6-4)

통신 패킷을 IP 주소를 바탕으로 상대에게 보내는 패킷 통신 방식으로, IMS를 통해 음성 통화를 실현하는 기술.

VoNR (▶ 6-4)

Voice over NR(5G)의 줄임말. 5G 통신을 사용해 음성 통화를 하는 것.

1세대 시스템 (▶ 1-6)

초기 이동전화 시스템(자동차 전화). 음성 신호를 그대로 전파로 전달하는 아날로그 전송 방식으로 위치 등록, 통화 중 핸드오버(바통 터치) 등 현재에도 사용되는 휴대전화의 기본 기능이 적용되었다.

2세대 시스템 (▶ 1-7)

음성 신호를 부호로 변환해 효율적으로 전송하는 디지털 전송 방식의 휴대 전화 시스템. 대용량화에 수반해 전국에 보급하는 것과 동시에, 디지털 데이터 통신의 막을 열었다.

3세대 시스템 (▶ 1-8)

광대역 고속 디지털 전송 방식을 채용해, 최초로 세계 각지에서 공통으로 이용할 수 있는 국제 표준 규격을 채용한 시스템. 메일이나 사진 전송 등 디지털 데이터 전송 이용이 한층 보급되었다.

4세대 시스템 (▶ 1-9)

직교 주파수 분할 다중을 적용하여 광대역 · 고속의 데이터 전송을 실현한 휴대 전화 시스템. 패킷 전송 방식과의 친화성이 높고, 스마트폰의 보급과 함께 정보통신 사회를 지탱하는 사회기반의 하나가 되고 있다.

5세대 시스템 (▶ 1-10)

5G라고 불리는 최신 휴대전화 시스템. 이용 장면에 따라 최대 20Gbps의 초고속 통신(eMBB)과 함께 다수 접속(mMTC), 고신뢰 · 초저지연 접속(URLLC)의 통신 기능을 제공할 수 있다.

가드 구간 (▶ 3-6)

직교 주파수 분할 다중에서 전송하는 정보 단위(1문자)와 직전의 정보 단위(문자) 사이에 준비하는 간격(틈새)을 말한다.

가드 밴드 (▶ 3-2)

인접한 주파수(또는 주파수 대역)의 전파를 이용하는 경우에 상호간섭이나 혼신을 피하기(혹은 저감하기) 위해 마련하는 완충을 위한 주파수 축 상의 미사용 대역.

간헐 수신 (▶ 3-7)

연속으로 수신 동작을 하면 전지의 소모가 빨라지므로, 미리 정해진 간격과 타이밍으로 수신하는 것.

게이밍 스마트폰 (▶ 5-7)

게임에 적합한 일정 조건을 만족시키는 스마트폰.

고차 변조 (▶ 2-5)

예를 들면, 악기의 연주 속도를 빠르게 하는 등 1마디(단위 시간)에 음(정보)을 많이 담아 표현하는 것에 해당하는 통신 기술. 단위 시간당 많은 정보를 보내기 위해서 아주 짧은 시간에 세세하게 전파 상태를 변화시켜 전송하는 방법.

고신뢰 전송 (▶ 3-8)

확실한 정보 전송이 필요한 용도를 위해 5G로 실현된 전송. 고도의 오류 정정 기술과 짧은 '무선 프레임 처리 단위 시간'을 조합하여, 1ms 이내에 99.999%의 성공 확률로 고신뢰 정보 전송을 실현한다.

네트워크 기능의 가상화 (NFV) (▶ 4-10)

NFV는 Network Functions Virtualizations의 줄임말. 범용 기기와 탑재하는 프로그램의 조합으로 그때 필요한 신호를 처리하는 기술.

네트워크 슬라이싱 (▶ 4-9)(▶ 6-5)

유저 신호의 종별마다 층상으로 통신망의 통신 능력을 잘라 이용하는 구조. 종류별로 적절한 네트워크 구성을 최적화해, 저지연 특성의 서비스나 대용량 통신 서비스를 안정적으로 제공한다.

다중 경로 전파 (▶ 3-6)

무선 통신에서 송신 지점으로부터 수신 지점에 직접 도달하는 전파(선행파)가 있는가 하면, 조금 떨어진 건물 벽면 등에 반사해 조금 늦게 도착하는 전파(지연파)도 있는 상태를 말한다.

동시 통신 (▶ 6-3)

4G와 5G를 사용해 유저 데이터를 통신하는 상태.

디인터리빙 (▶ 2-9)

수신 측에서 원래의 정보 순서(문자 순서)로 되돌리는 조작.

대기 행렬 (▶ 4-3)

패킷 통신에서 전송로가 순간적으로 막혀 있을 때, 송신용 패킷이 전송이 시작될 때까지 대기하는 장소 또는 대기하는 상태. 은행 창구 업무에 비유하면 창구가 빌 때까지 한 줄로 기다리는 행렬에 해당한다.

대역 제어 (▶ 5-9)

통신 속도에 따라, 사용하는 통신 대역을 증감시키는 구조.

랜덤 액세스 제어 (▶ 3-10)

질서 있게 효율적으로 통신하고자, 휴대전화 단말기가 통신을 시작할 때 전파를 교통정리하는 기술.

리프레시 레이트 (▶ 5-5)

화면을 얼마나 자주 갱신하는지를 나타내는 지표.

로컬 5G (▶ 6-8)

지역 및 사회 또는 산업 등의 분야에서 특화된 5G 시스템. 4.7GHz대의 300MHz 폭(4.6〜4.9GHz)과 28GHz대의 900MHz 폭(28.2〜29.1GHz)을 이용한다. 또, NSA 구성의 경우에는 2.5GHz대를 함께 사용할 수 있다.

로밍 (▶ 6-9)

사업자끼리 연계해서 통신하는 처리.

마이그레이션 시나리오 (▶ 8-5)

이전까지의 자산을 활용하면서 연속적이고 단계적으로 새로운 기술을 도입해 시스템을 고도화하는 방법.

멀티 렌즈 카메라 (▶ 5-6)

초점 거리가 다른 복수의 렌즈를 조합해, 촬영 이미지의 정밀함이나 줌 성능을 실현하는 구성.

멀티미디어 전송 (▶ 1-8)

음성 통화, 문장(문자), 그림, 사진 등의 여러 종류의 정보를 모아서 전송하는 것. 각각의 정보를 디지털 부호화함으로써 일괄적으로 디지털 전송이 가능해진다.

밀리파 (▶ 3-1) (▶ 5-3)

파장이 밀리미터 단위의 높은 주파수의 전파. 낮은 주파수의 전파보다 직진성이 강하고 전파 거리가 짧다. 28GHz(파장 10.7mm)도 넓은 의미에서 밀리파로 부를 수 있다.

발열 제어 (▶ 5-10)

발열이 일정한 기준을 넘었을 때에 저온 화상이나 내부 부품 파손을 막기 위해서 온도 상승을 억제하는 작용.

배열 안테나 (▶ 3-5)

복수 안테나 소자를 공간적으로 배치하고 각각의 안테나 소자로 송수신 하는 신호의 위상(신호 파형의 진행 또는 지연)을 조정함으로써, 특정한 방향으로만 전파를 보내거나 특정한 방향에서 오는 전파를 선택적으로 수신할 수 있다.

부호 다중 전송 (▶ 1-8)

다수의 정보를 효율적으로 전송하기 위해, 디지털 기술을 사용해 복수의 전송 정보 부호(문자)를 다른 패턴으로 가공(착색)한 다음 동시에 (중첩해서) 전송하고, 수신 측에서 선택적으로 특정한 패턴으로 가공된 정보 부호만 꺼내는 다중 전송 기술.

비밀 키 (▶ 4-6)

인증이나 암호화 통신에서 이용하는 디지털 정보(열쇠 정보). 각 휴대전화기와 코어망이 짝을 이루어 보관하는 비밀 정보.

빔 포밍 (▶ 3-5) (▶ 5-3)

특정 방향을 향해 전파를 강하게(혹은 약하게) 송신하거나 특정 방향에서 오는 전파를 선택적으로(혹은 배제하고) 수신하거나 하는 기술.

사업자 코어망 (▶ 6-2)

통신 사업자가 기기나 이용자 정보를 관리해, 다른 네트워크와 통신을 중개하는 핵심 네트워크.

서브6 (▶ 5-3)

6GHz 이하의 주파수 대역.

셀 (▶ 3-3)

1개의 기지국이 담당하는 전파가 닿는 영역.

셀 간 협조 (▶ 3-4)

인접한 셀 사이에서 전파 조건의 변동이나 휴대전화기의 이동 등으로 혼신이나 간섭이 발생할 경우 기지국끼리 연계하여 각각의 셀 내의 정보를 공유하고 송신 전력을 조정하거나 혼신하지 않는 주파수로 전환하는 제어 등을 한다.

셀룰러 방식 (▶ 1-6)

기지국에서 통신하는 영역을 면적으로 소분해서 분담하고 통신하는 구조.

송신 전력 제어 (▶ 2-11)

수신기 측에서 수신하는 전파가 과부족 없는 상태로 수신할 수 있도록 송신 측의 송신 전력을 조정한다.

스마트 그리드 (▶ 7-7)
전력을 효율화하기 위한 기술.

스마트 시티 (▶ 7-6)
도시의 인프라 정보를 활용하여 도시를 정비, 운용, 관리하여 전체 최적화가 되는 도시. 도시의 인프라 정보와 My 네트워크가 연결됨으로써 다양한 정보를 활용해 쾌적하게 생활할 수 있는 도시를 만든다.

스마트 홈 (▶ 7-7)
HEMS로 전력을 최적화한 집.

시분할 이중통신 (▶ 2-12)
같은 주파수 대역을 시간으로 분할해 상향과 하향을 교대로 전환함으로써, 효과적으로 양방향 동시 통신을 실현한다.

어태치 (▶ 6-4)
단말기의 전원을 넣었을 때 등에, 4G 기지국으로부터 사업자 코어 네트워크 등록 처리를 실시하는 기본 동작.

오류 검출 (▶ 2-10)
오류 정정으로 수정할 수 없는 오류 검출 등에 이용하고자 미리 정해진 규칙에 따라서 송신 측에서 정보를 추가하고, 수신 측에서 그 규칙을 이용해 전송로에서 발생한 오류 유무를 판정(검출)한다. 간단한 예로는 복수의 1과 0의 조합으로 구성된 정보를 전송할 때, 전체에서 1의 개수가 반드시 짝수가 되도록 여부으로 1 또는 0을 하나 더해서 전송하고, 수신 측에서 1의 개수가 홀수라면 전송로에서 오류가 발생했다고 판정하는 패리티 검사 등에 이용된다.

오류 정정 (▶ 2-8)
송신 측에서 어떤 규칙에 따라서 약간의 불필요한(중복) 정보를 부가해서 전송하고, 수신 측에서는 그 규칙에 따라서 전송로에서 발생한 문자의 오류를 찾아내 자동으로 정정하는 기능이다.

암호화 (▶ 4-6)
통신 상대방 이외의 제삼자에게 감청·도청당해도 정보 내용이 누설되지 않도록, 통신 상대방만이 복호화할 수 있는 특수한 규칙으로 부호 정보(문자)를 가공해서 전송하는 메커니즘이다.

인터리빙 (▶ 2-9)
송신 측에서 송신 정보(문자)의 순서의 교체하는 조작.

인더스트리 4.0 (▶ 7-3)
IoT 시스템에서 수집한 데이터를 해석하고, 경험이나 감이 아닌 정량적인 분석으로 기계나 기기를 제어 혹은 기계나 기기가 자율적으로 움직이게 함으로써 산업을 변혁하는 움직임.

위치 정보 등록 (▶ 4-5)
휴대전화기가 이동했을 때, 새로운 기지국의 전파를 수신하면 신호를 보내 자신의 위치를 코어망에 통지하는 메커니즘이다. 다음에 호출 등이 이루어지면 통지한 위치의 기지국을 통해 신호가 전송된다.

인증 (▶ 4-6)
'진짜'로 위장한 전화기에 의한 부정한 이용이나 도청을 막고자, 통신을 시작할 때에 상대가 '진짜'인지 확인하는 절차.

에지 컴퓨팅 (▶ 4-8)
코어망이나 기지국이 있는 곳에 서버를 두어, 휴대전화기와의 정보 교환 시간을 단축하거나 카메라로 촬영한 고화질 동영상을 바로 서버에서 처리함으로써, 통신망에 대용량 정보를 전송하지 않아도 되는 기술.

오버레이 (▶ 3-4)

작은 크기의 셀 영역에 큰 사이즈의 셀을 겹친 구성.

유니버설 5G (▶ 1-10)

'언제 · 어디서나 · 누구나'를 표어로 발전해, 전 세계에 대용량 · 고속 통신을 제공하는 5G 시스템. 국내 전반에 균질하게 안정된 통신 서비스를 제공한다.

자유 시점 영상 (▶ 7-2)

초고화질 영상으로 보고 싶은 시각에서 관람할 수 있는 기술.

접이식 디스플레이 (▶ 5-5)

디스플레이를 구부려 표시하기 위해 일반 유리 소재 대신 경질 필름과 극박 유리를 사용하는 스마트폰으로 내구성이 과제로 알려져 있다.

재전송 요청 (▶ 2-10)

오류 정정에서 고칠 수 없었던 정보를 수신 측에서 발견했을 때, 역방향의 정보 전달 수단을 사용해 송신 측에 재전송을 요청하는 기술.

적응 변조 (▶ 2-6)

그때그때 전송로 조건에 따라 최적의 변조 방식으로 전환해 정보를 전송하는 기술.

직교 주파수 분할 다중 (▶ 1-9)

복수의 디지털 부호(문자)를 1정보 단위(문자)마다 시간 방향으로 긴 저속 데이터로 변환한 다음, 주파수 방향으로 고밀도로 나열해 효율적으로 전송하는 다중 전송 기술. 다중 경로 전파의 영향을 받기 어렵고, 안정된 고속 데이터 전송이 가능.

주파수 (▶ 2-1)

1초당 전파의 진동수를 말한다. 전파의 전달을 보행에 비유하면 1초당 '걸음의 수'에 해당한다.

주파수 대역 (▶ 2-2)

어떤 범위의 주파수(의 전파). 같은 장소, 같은 시간에 같은(또는 겹치는) 주파수 대역의 전파를 사용하면 서로 간섭(혼신)이 발생한다.

주파수 대역폭 (▶ 2-3)

주파수 대역의 양단(최대 주파수와 최소 주파수)의 주파수 차이.

주파수 분할 이중 통신 (▶ 2-12)

상향과 하향에 전용 주파수를 할당해 동시에 통신(도로에 비유하면 터널을 파서 동시 통행)하는 방법.

주파수 이용 효율 (▶ 2-3)

정보(부호열)를 어떤 전송 속도로 전송할 때의 전송 속도와 전송에 필요한 주파수 대역폭의 비. 주파수 이용 효율이 높을수록 적은 주파수 대역폭으로 많은 정보를 전송한다.

제어 신호 (▶ 4-4)

통신의 준비, 유지, 정리 등을 하고자 이용자 모르게 코어망과 휴대전화 사이에서 주고받는 숨은 조력자와 같은 일련의 신호.

전송로의 채널 추정 (▶ 2-7)

전송로에서 신호가 받는 간섭 등으로 생긴 왜곡 상황을 추정한다. 예를 들어, 열 편차가 있는 전기로 안을 열팽창하는 소재가 통과했을 때 뒤틀리는 방식을 조사하는 것에 해당한다.

전송로 왜곡 보상 (▶ 2-7)

수신한 신호가 받은 간섭 등에 의한 변형에 대해 채널 추정 결과 등을 이용하여 보정하는 조작.

전파 거리 (▶ 2-11)

전파가 전달되는 거리. 주파수가 높아지면 전파 거리는 짧아진다.

착신 호출 (▶ 4-5)
특정 휴대전화기에 착신이나 데이터 전송이 발생했을 때 그 휴대전화기가 존재하는 기지국을 통해 통신 시작을 위해 이루어지는 호출 신호 전송 동작 또는 그 신호.

초다소자 안테나 (▶ 3-5)
다수의 안테나 소자를 이용한 배열 안테나. 5G에서 밀리파 주파수 대역을 이용할 경우 전파의 파장이 짧아 안테나 소자를 소형화할 수 있기 때문에, 다수의 안테나 소자를 사용해 좌우 방향 이외에 상하 방향으로 송수신 제어 가능.

최대 전송 속도 (▶ 2-3)
휴대전화 시스템 등에서 어떤 통신 방식이나 장치가 전송 가능한 가장 고속의 전송 속도.

캐리어 어그리게이션 (▶ 3-2) (▶ 6-1)
다른 주파수끼리 한 덩어리의 전파(예를 들면 20 MHz 폭)로 묶고, 필요한 경우는 그것을 여러 개 묶어서 사용한다. 정보를 운반하는 전파(Carrier)를 묶는(Aggregation)다는 데에서 붙여진 이름.

클라우드 게임 (▶ 5-7)
스트리밍 전송 형태로 서비스를 제공하는 게임.

코어망 (▶ 4-1)
복수의 기지국과 제휴하면서 이동하는 휴대전화기와의 통신을 관리하거나 제어하는 휴대전화 시스템 내의 통신망.

통신 대기 (▶ 5-9)
애플리케이션을 이용한 통신은 하지 않지만 사용자가 바로 사용할 수 있도록 통신 준비를 하면서 대기하고 있는 상태에서 전류 소비가 기다리는 것보다 크다.

테더링 (▶ 6-3)
tether(묶다)를 의미하며, 스마트폰과 다른 디바이스를 로컬 통신으로 연결하여 인터넷 통신을 한다.

트러스트 서비스 (▶ 7-8)
인터넷상에서 사람·조직·데이터 등의 정당성을 확인해, 조작이나 송신원의 위장 등을 방지하는 방법.

파장 (▶ 2-1)
전파의 이동 속도를 주파수로 나눈 전파의 길이. 보행에 비유하면 '보폭'에 상당한다.

패킷 교환 (▶ 4-3)
패킷 통신의 전송 방식. 각 패킷의 목적지 라벨의 정보에 따라서 패킷별로 목적지를 전환하는 방식.

패킷 통신 (▶ 1-9)
전송하는 정보의 덩어리마다 목적지를 나타내는 라벨을 붙여 한 덩어리의 패킷으로 포장해서 전송하는 통신 방식.

프로파일 (▶ 6-9)
통신 사업자와 계약한 정보가 담긴 SIM 카드를 이용해 네트워크에 인증한다.

핸드오버 (▶ 1-6)
전파로 가장 가까이에 있는 기지국과 통신하던 휴대전화가 전파가 닿지 않는 곳으로 이동하면 인접 기지국과 통화하고 있는 전화기로 단시간에 자동으로 '바통 터치'하여 통화를 이어가는 방법.

호출 손실 (▶ 4-2)
통신을 시작하려고 할 때 회선이 막혀 있어서 할 수 없는 것.

회선교환 (▶ 4-2)
통화 중에만 전화기 사이를 전송로(회선)로 연결하는 방법.

집필 후기

이 책에서는 5G(5세대 이동 통신 시스템)의 구조를 다양한 각도에서 설명했습니다. 저자 3명은 각각 5G 관련 분야에서 기술자 혹은 서비스 기획자로서 매일 업무에 매진하고 있습니다.

5G의 구조를 교과서처럼 체계를 세워 기초부터 설명하는 풀코스 요리 방식은 힘에 부치기도 해서, 평소에 일하면서 '5G를 사용하는 분들이나 흥미가 있는 분들에게 이런 식으로 전달하면 좋겠다'라고 생각했던 주제들을 약간은 주관적으로 골라 담아 설명해 보았습니다.

내용 중에 독선적이고 부정확한 비유나 조금 치우친 관점에서 설명한 부분이 있지 않을까 걱정되지만, 이 책이 전문 정보나 전문 서적을 접하게 될 때 이해에 도움이 되거나 혹은 다른 시점에서 5G를 바라볼 수 있는 기회가 된다면 더 바랄 나위가 없을 것입니다.

5G뿐만 아니라 새로운 기술은 도입하기 어려운 점이 있지만, 일단 편리한 사용 방법을 알면 차츰차츰 응용하게 되고 널리 사용되게 됩니다. 한편으로 영향을 크게 미치는 기술이나 서비스일수록 사회적인 폐해가 지적되기도 하므로. 사회 전체에서 올바른 사용 방법을 찾으면서 적절하게 이용해 나가는 것이 매우 중요합니다.

5G는 그 원리를 몰라도 사용할 수 있지만, 반대로 원리만 이해한다고 해서 바르게 사용할 수 있는 것도 아닙니다. 무턱대고 과대 혹은 과소평가하지 않고, 5G 본연의 이용 가치를 찾기 위한 재료 중 하나로써 이 책이 조금이라도 도움이 되었으면 합니다.

이 책의 집필에는 니시무라 야스히로 씨를 비롯해, 5G 비즈니스를 다루는 많은 분들이 협력해 주셨습니다. 또, 이 책의 기획부터 발행까지 맡아 주신 편집부 여러분에게도 재차 감사의 말씀을 드립니다.

5G가 앞으로 어떻게 쓰이고, 도움이 되고, 퍼져나갈 것인지 5G 종사자로서 기대됩니다.

이이모리 에이지. 타하라 미키오. 나카무라 타카하루

역자의 말

팬데믹 상황이 장기화하면서 이전보다 더 자주 인터넷을 통해 많은 것을 해결해야 하는 상황이 되었습니다. 인터넷에 연결해서 집에서 영화를 보고 쇼핑을 하고 공부도 하는 것이 이제 자연스러운 일상의 한 모습이 되었지요. 우리 일상과 산업 전반이 네트워크, 인터넷을 중심으로 전환되는 바탕에는 통신 기술의 발전이 있습니다. 특히 이동 통신 기술이 발전하면서 사람과 사람 간의 통신을 넘어서 사물과도 통신하게 되었고, 심지어 사물끼리도 통신하는 시대가 되면서 생활 전반에 많은 변화를 가져왔습니다.

5G는 단순하게 속도만 빨라진 통신 기술이 아닙니다. 근래 자주 들을 수 있는 증강 현실, 사물 인터넷, 자율 주행, 원격의료, 재난 대책 등과 같은 서비스나 기능은 초고속 데이터 전송 속도뿐만 아니라, 대규모 단말 접속과 초저지연 고신뢰도가 필요합니다. 5G는 그에 맞는 다양한 기술 기반을 제공합니다. 이 책을 통해 이동 통신 기술이 발전해 온 과정과 그 기술의 특징을 살펴보면서, 5G 기술이 어떤 변화를 가져왔고 또 어떤 미래를 그리고 있는지 5G의 세계로 탐험을 시작하는 독자분들에게 좋은 이정표가 되었으면 좋겠습니다.

이 책은 1세대부터 5세대에 이르는 이동 통신의 세대별 주요 기술을 비전공자도 이해하기 쉽게 핵심을 소개하고 5G가 우리 생활과 산업, 사회를 어떻게 변화시킬지 설명함으로써 입문자의 관심과 시야를 넓혀주기에 적합하고 내용도 실용적입니다. 각 주제에 맞게 그림을 풍부하게 활용함으로써 5G 통신을 구현하는 주파수 효율성이나 커버리지를 높이는 구체적인 기술적 원리도 자연스럽게 머릿속에 떠올릴 수 있습니다.

끝으로 번역 작업을 맡겨주신 영진닷컴과 번역 원고를 꼼꼼히 확인하고 다듬느라 고생하신 편집자분께 깊이 감사드립니다. 그리고 이 책을 선택해 주신 독자 여러분께 저자의 의도가 잘 전달돼 목적하는 바를 얻을 수 있게 된다면 무척 기쁘겠습니다. 아무쪼록 이 책이 독자 여러분의 가능성을 한층 더 확장하는 계기가 되길 바랍니다.

김성훈

그림으로 배우는
5G 네트워크

1판 1쇄 발행 2022년 4월 15일

저 자	이이모리 에이지, 타하라 미키오, 나카무라 타카하루
역 자	김성훈
발 행 인	김길수
발 행 처	(주)영진닷컴
주 소	서울시 금천구 가산디지털1로 128 STX-V타워 4층 영진닷컴 기획1팀
등 록	2007. 4. 27. 제16-4189호

© 2022. (주)영진닷컴

ISBN 978-89-314-6612-6
http://www.youngjin.com

'그림으로 배우는'   시리즈

"그림으로 배우는" 시리즈는 다양한 그림과 자세한 설명으로
쉽게 배울 수 있는 IT 입문서 시리즈 입니다.

그림으로 배우는
C++ 프로그래밍
2nd Edition

Mana Takahashi 저
592쪽 | 18,000원

그림으로 배우는
자바 프로그래밍
2nd Edition

Mana Takahashi 저
600쪽 | 18,000원

그림으로 배우는
서버 구조

니시무라 야스히로 저
240쪽 | 16,000원

그림으로 배우는
데이터 과학

히사노 료헤이, 키와키 타이치 저
240쪽 | 16,000원

그림으로 배우는
HTTP&Network

우에노 센 저
320쪽 | 15,000원

그림으로 배우는
클라우드 2nd Edition

하야시 마사유키 저
192쪽 | 16,000원

그림으로 배우는
알고리즘

스기우라 켄 저
176쪽 | 15,000원

그림으로 배우는
네트워크 원리

Gene 저
224쪽 | 16,000원

그림으로 배우는
보안 구조

마스이 토시카츠 저
208쪽 | 16,000원

그림으로 배우는
SQL 입문

사카시타 유리 저
352쪽 | 18,000원

그림으로 배우는
파이썬

다카하시 마나 저
480쪽 | 18,000원

그림으로 배우는
C 프로그래밍
2nd Edition

다카하시 마나 저
504쪽 | 18,000원